农村普惠金融路径探析

——基于陕西宜君试点工作的思考

中国人民银行铜川市中心支行　编著

中国金融出版社

责任编辑：李　融　李林子
责任校对：李俊英
责任印制：张也男

图书在版编目（CIP）数据

农村普惠金融路径探析：基于陕西宜君试点工作的思考/中国人民银行铜川市中心支行编著. —北京：中国金融出版社，2020.7
ISBN 978－7－5220－0654－3

Ⅰ. ①农…　Ⅱ. ①中…　Ⅲ. ①农村金融—研究—宜君县　Ⅳ. ①F832.35

中国版本图书馆CIP数据核字（2020）第107271号

农村普惠金融路径探析——基于陕西宜君试点工作的思考
NONGCUN PUHUI JINRONG LUJING TANXI：JIYU SHAANXI YIJUN SHIDIAN GONGZUO DE SIKAO

出版
发行　中国金融出版社
社址　北京市丰台区益泽路2号
市场开发部　（010）66024766，63805472，63439533（传真）
网 上 书 店　http://www.chinafph.com
（010）66024766，63372837（传真）
读者服务部　（010）66070833，62568380
邮编　100071
经销　新华书店
印刷　保利达印务有限公司
尺寸　169毫米×239毫米
印张　10.75
字数　120千
版次　2020年7月第1版
印次　2020年7月第1次印刷
定价　38.00元
ISBN 978－7－5220－0654－3

编委会

主　编：冯学荣

副主编：任晓龙

编　委：刘晓军　黄志春　曹小宁　高　艺

编写组成员：姜金会　刘创刚　申　杰　赫　蓉
冯柏阳　俱　翠　杨丰岭　刘　雨
李昱良　王长征

序

习近平总书记在第五次全国金融工作会议上强调，要建设普惠金融体系，加强对小微企业、“三农”和偏远地区的金融服务，推进金融精准扶贫。普惠金融不仅是新形势下金融发展的一个新的方向，更是推动经济社会发展的重要力量。国务院《推进普惠金融发展规划（2016—2020年）》要求，到2020年，建立与全面建成小康社会相适应的普惠金融服务和保障体系。而实施乡村振兴战略，促进农村全面发展和繁荣，是决胜全面建成小康社会的重中之重，因此，农村普惠金融发展至关重要。发展农村普惠金融，逐步完善农村普惠金融体系，向农村居民提供更便捷、价格更合理的金融服务，提高农村地区金融服务的覆盖率、可得性和满意度，对有效缩小城乡差距、实现共同富裕、推进实施乡村振兴战略具有深远的影响。

近年来，随着我国金融体制改革及金融市场深入发展，在各方共同努力下，我国普惠金融已初步形成了以“政府为引导、市场为基础”的服务格局，呈现出政策引导型、财税扶持型、市场主导型、践行公益型等多种发展路径，针对农民、小微企业、城市低收入人群以及特殊群体等的普惠金融服务体系初具雏形。在普惠金融发展的过程中，各地因地制宜、多措并举，为普惠金融发展创造了诸多有利条件，促进我国普惠金融快速发展。

陕西省铜川市宜君县是典型的农业县、国家扶贫开发工作重点县、革命老区。在人民银行总行的支持、重视和悉心指导下，

2016年4月，陕西省铜川市宜君县获批开展农村普惠金融综合示范区试点。3年多来，人民银行西安分行抢抓机遇，试点地区依托机遇，统筹普惠金融、定点扶贫、金融生态环境建设，大力推动试点工作，依靠机制创新探索形成了“金融服务创新＋金融知识扫盲＋便捷基础设施”的农村普惠金融“宜君模式”，农村金融服务的可得性、便利性明显提升，反映示范区建设成效的“宜君指数”显著增长，县域脱贫攻坚和经济健康发展。2019年5月，宜君县实现脱贫摘帽，退出贫困县序列。与此同时，“宜君模式”在中国普惠金融国际论坛等会议上交流，得到世界银行的关注并将宜君纳入全球普惠金融倡议项目（FIGI）试点；人民银行总行领导及相关司局负责同志先后多次来铜川调研；新华社、中央广播电视总台、金融时报等媒体也先后来铜川采访报道；宜君普惠金融相关做法已形成22条经验在陕西全省推广。

宜君县农村普惠金融综合示范区是人民银行总行在我国中西部地区设立的第一个农村普惠金融综合示范区，承载着为中西部广大欠发达地区探索农村普惠金融发展可复制、可推广路径的任务。本书全面梳理了宜君县农村普惠金融的实践，分别提炼总结了包括失信贫困户信用修复机制、金融精准扶贫“四＋”组合拳模式、农村普惠金融综合服务站“五站统建、五员一体”模式、农村普惠金融教育“六个一”模式、数字普惠金融“五项建设”模式、“宜君指数”在内的六大可推广、可复制的宜君农村普惠金融推进工作做法，从模式提出的背景、思路和实践方法等方面提炼宜君普惠金融模式，并附典型案例详细介绍模式运用，全方位、立体式地为读者展现了“宜君模式”的内涵。

发展普惠金融任重道远，各地诸多良好实践和探索彰显金融“普惠”初心。我们抛砖引玉，希望通过此书可以引发读者对农村普惠金融发展的思考，为开展农村普惠金融工作提供新的思路和方法，共同推进全国农村普惠金融的健康可持续发展，助推我国早日建成与全面小康社会相适应的普惠金融服务和保障体系。

中国人民银行西安分行党委书记、行长　魏革军

2020年3月

前 言

近年来，党中央高度重视发展普惠金融，党的十八届三中全会明确提出“发展普惠金融”。2015 年国务院发布《推进普惠金融发展规划（2016—2020 年）》，将普惠金融提升为国家战略，金融部门和政府部门认真贯彻执行党中央决策部署，开展了很多积极的实践。按照“开展试点示范”的要求，多个普惠金融试点应运而生，随着各个试点的不断推动，不同的普惠金融改革试验区及申报地因地制宜，探索出了不同的普惠金融发展模式，共同推进全国普惠金融发展，全国普惠金融尤其是农村普惠金融的发展取得了显著的成绩。

普惠金融的重点在农村，铜川市宜君县是国家扶贫开发工作重点县、“金惠工程”重点推广区、“金融知识普及示范点”，具有开展农村普惠金融试点的先天条件。2016 年 4 月，中国人民银行启动陕西省铜川市宜君县农村普惠金融综合示范区试点工作，制定印发《陕西省铜川市宜君县农村普惠金融综合示范区试点方案》。这是中国人民银行在中西部地区建立的第一个，也是全国唯一一个县级农村普惠金融综合示范区，试点地区围绕方案探索形成了“金融服务创新 + 金融知识扫盲 + 便捷基础设施”农村普惠金融“宜君模式”。宜君县农村普惠金融试点实践为全国农村普惠金融发展提供了有益探索，梳理农村普惠金融试点实践方法，总结宜君县农村普惠金融试点的经验，不但能有效深化试点建设效用，也对后一时期壮大全国农村普惠金融的发展空间、提升农村普惠金融的发展潜力有着很大的借鉴意义。基于此，编者基于宜君试点经验，总结提炼宜君推动农村普惠金融发展的实践模式，以期为我国欠发达地区发展农村普惠金融提供可借鉴、可复制、可推广的路径。

全书共8章：

第1章，介绍普惠金融概念、普惠金融发展模式及我国普惠金融发展和农村普惠金融发展的现状。

第2章，介绍宜君普惠金融试点建设整体情况，包括试点开展背景、建设思路及总体目标要求、具体实践及经验。

第3章至第8章，分章节依次介绍在宜君普惠金融实践过程中，探索形成的六大模式：失信贫困户信用修复机制、金融精准扶贫“四+”组合拳模式、农村普惠金融综合服务站“五站统建、五员一体”模式、农村普惠金融教育“六个一”模式、数字普惠金融“五项建设”模式、“宜君指数”。每个章节详细介绍模式形成的背景、实践思路、成效以及展望，通过翔实的数据论证、详细的案例分析，为读者通俗易懂地展示模式的具体操作方法。

本书基于宜君普惠金融试点实践相关研究成果形成，在探索宜君农村普惠金融试点的过程中，中国人民银行办公厅、机关党委、金融研究局、市场司、货政司、调统司、支付结算司、科技司、消保局、征信管理局等，以及中国人民银行西安分行负责同志、相关处室在方案制定、试点建设推进方面给予了大力的指导，同时对编写工作提出了很多宝贵的建议。

受编者水平所限，本书内容难免有不妥之处，敬请读者批评指正。

本书编写组

2020年4月

目　录

第1章　绪论 …… 1

1.1　普惠金融概念及含义 …… 1

1.2　我国普惠金融发展 …… 3

1.3　农村普惠金融发展 …… 15

1.4　普惠金融发展的模式 …… 21

第2章　宜君县农村普惠金融试点总体实践 …… 26

2.1　试点开展背景 …… 26

2.2　宜君县农村普惠金融发展的现实困境 …… 29

2.3　试点建设思路及总体目标要求 …… 31

2.4　宜君农村普惠金融具体实践 …… 36

2.5　宜君农村普惠金融经验一览 …… 40

第3章　失信贫困户信用修复机制 …… 47

3.1　失信贫困户信用修复机制概念 …… 47

3.2　失信贫困户信用修复机制实施背景 …… 47

3.3　国外信用修复实践经验 …… 49

3.4　国内信用修复实践经验 …… 53

3.5　国内外信用修复实践对比 …… 54

3.6　宜君农村普惠金融信用修复机制实践探索 …… 56

3.7　信用修复模式展望 …… 65

第4章 金融精准扶贫“四+”组合拳模式 …… 68

4.1 模式背景 …… 68
4.2 宜君县信贷服务存在问题 …… 70
4.3 金融扶贫与普惠金融统筹推进的可行性 …… 73
4.4 整体思路 …… 74
4.5 模式实践 …… 75
4.6 实施效果 …… 80
4.7 模式展望 …… 82

第5章 农村普惠金融综合服务站“五站统建、五员一体”模式 …… 84

5.1 农村普惠金融综合服务站设立的必要性 …… 84
5.2 农村普惠金融综合服务站点路径分析 …… 87
5.3 农村普惠金融综合服务站的具体实践 …… 93
5.4 农村普惠金融综合服务站实施效果 …… 100
5.5 模式展望 …… 102

第6章 农村普惠金融教育“六个一”模式 …… 105

6.1 实施背景 …… 105
6.2 宜君县居民金融知识普及现状 …… 107
6.3 金融教育实施思路 …… 109
6.4 宜君农村普惠金融“六个一”教育实践 …… 111
6.5 案例分析 …… 116
6.6 实施效果 …… 116
6.7 模式展望 …… 117

第7章 数字普惠金融“五项建设”模式 …… 119

7.1 数字普惠金融的移动支付含义 …… 119

7.2　实施背景 …………………………………………………………… 120
7.3　移动支付助推普惠金融的可行性 ……………………………… 122
7.4　农村地区移动支付业务发展存在的问题和困难 ……………… 127
7.5　宜君农村数字普惠金融“五项建设”模式实践 ……………… 128
7.6　案例分析 …………………………………………………………… 132
7.7　模式展望 …………………………………………………………… 136

第8章　“宜君指数” …………………………………………………… 139

8.1　“宜君指数”含义 ………………………………………………… 139
8.2　宜君农村普惠金融指标体系 …………………………………… 140
8.3　“宜君指数”计算方法 …………………………………………… 149
8.4　“宜君指数”展望 ………………………………………………… 156

参考文献 ……………………………………………………………… 157

第1章　绪论

普惠开篇，万象更始。2005年，联合国为推广“国际小额信贷年”活动，首次用“普惠金融”这个概念进行宣传，旨在让普罗大众平等地享受金融服务和支持。随后，普惠金融概念被引入中国，2013年，党的十八届三中全会正式提出发展普惠金融，在各方努力下，我国普惠金融深入发展，尤其是在聚焦助力乡村振兴、精准扶贫和小微企业领域成效显著。2020年是我国《推进普惠金融发展规划（2016—2020年）》收官之年，全面梳理国内外普惠金融发展内涵与外延，总结我国普惠金融以及农村普惠金融发展实践与成效，对照国际普惠金融发展模式以及国内金融供给侧结构性改革的要求，厘清当前普惠金融发展的主要难点与挑战，对后一时期的普惠金融发展有着重要的意义，本章旨在帮助读者快速了解普惠金融发展情况和发展模式，为后续理解宜君县农村普惠金融发展模式奠定基础。

1.1　普惠金融概念及含义

1.1.1　普惠金融概念

普惠金融（Inclusive Finance）是由联合国于2005年“国际小额信贷年”第一次明确提出的，联合国将其定义为“一个能够有效地、全方位地为社会所有阶层和群体——尤其是贫困、低收入人口——提供服务的金融体系”。普惠金融提出至今，其概念已有了很大延伸，不同利益相关方对普惠金融的定义也有所不同，但总体来说普惠金融强调通过加强政策扶持和完善市场机制，使偏远贫穷地区、小微企业和社会低收入人群能够获得价格合理、方便快捷的金融服务，不断提高金融服务的可获得性。小微企业、农民、城镇低收入人群、贫困人群和残疾人、老年人等特殊群体是当前我国普惠金融重点服务对象①。

1.1.2 普惠金融的目标与需求

发展普惠金融，让各个阶层都能获得所需要的金融服务和金融支持，对发展一国经济，特别是对发展中国家至关重要。因此，普惠金融有四大目标：一是家庭和企业以合理的成本获取较广泛的金融服务，包括开户、存款、支付、信贷、保险等；二是金融机构稳健，要求内控严密、接受市场监督以及健全的审慎监管；三是金融业实现可持续发展，确保长期提供金融服务；四是增强金融服务的竞争性，为消费者提供多样化的选择。针对上述目标，发展普惠金融主要有五个方面的需求：一是减少信息不对称，降低交易成本；二是消除贫困，实现社会公平和稳定；三是改善教育，促进知识的传播；四是提高妇女儿童的健康水平和地位；五是改善公共基础设施建设。

1.1.3 普惠金融的特征

2008年国际金融危机以来，普惠金融得到了国际社会的广泛关注，也成为二十国集团（G20）的一个重要议题。二十国集团

① 《推进普惠金融发展规划（2016—2020年）》。

成立普惠金融专家组（Financial Inclusion Experts Group，FIEG），并推动成立全球普惠金融合作伙伴组织（Global Partnership of Financial Inclusion，GPFI），积极推动构建全球层面的普惠金融指标，制定中小企业融资问题最佳范例的资助框架等，取得了一定成效。金融包容联盟（Alliance for Financial Inclusion，AFI）等专门性国际组织也同时成立，督促各国明确作出普惠金融相关承诺，组织研究开发普惠金融指标体系，评估各国普惠金融工作成效。

就普惠金融的特征而言，主要有三个方面，一是逐步涵盖整个金融体系和全部人群。如世界银行将普惠金融定义为："在一个国家或地区，所有处于工作年龄的人都有权使用的一整套价格合理、形式方便的优质金融服务。"金融包容联盟的定义是："普惠金融是将被金融体系排斥的人群纳入主流金融体系。"二是内容十分丰富。金融包容联盟认为，普惠金融包括六个核心内容：金融消费者保护、代理银行、手机银行、国有银行改革、金融服务提供者多元化、数据收集与评估体系。三是国际国内共同推进。国际上正在组织研究开发普惠金融指标体系，并要求各国制定国家战略，明确作出相关承诺。各国也在积极推进普惠金融发展。新兴经济体与发展中国家在普惠金融方面进行了积极探索，取得了可喜的成绩。

1.2　我国普惠金融发展

1.2.1　做法实践

一、提升银行业普惠金融服务能力

指导大中型银行设立聚焦服务小微企业、"三农"、脱贫攻坚及"大众创业、万众创新"的普惠金融事业部，建立专门的综

合服务、统计核算、风险管理、资源配置、考核评价机制，提升普惠金融服务能力。引导农信社和新型农村金融服务提供者（村镇银行、农村资金互助社和小额贷款公司）进一步明确定位、回归本源，向县域和基层聚拢。积极引导各类机构借助互联网等现代信息技术手段，创新产品和服务渠道，降低交易成本，提升服务可得性，培育普惠金融服务新动能。

二、发挥保险公司保障优势

大力发展农业保险、小额人身保险、小额贷款保证保险，推进保险普惠金融重点领域的专业化体制机制建设，有效扩大保险资金在普惠金融中的投入。推动小微企业信用保证保险发展，撬动银行贷款服务小微企业。提高农村地区疾病、自然灾害和意外事故等风险的保险保障水平，加快建立农业大灾风险分散机制，落实农业保险大灾风险准备金制度。依法合规稳妥推进保险资金支农支小融资业务试点，为小微企业和农业企业提供“保险＋融资”综合金融服务。

三、规范金融科技公司健康发展

金融管理部门出台了若干指导意见，鼓励互联网金融创新，同时强调监管协同作用，进一步推动金融产品创新，提高金融服务便利性、可得性和使用体验及质量，降低风险，为传统金融服务机构所忽视的群体，如农民、小微企业、低收入者和生活在偏远地区和农村的人群提供金融服务。

四、完善货币信贷支持政策

中国人民银行通过差别存款准备金率、再贷款、再贴现等一系列政策，鼓励金融机构加大对“三农”和小微企业的信贷支持力度。对普惠金融领域贷款达到一定标准的金融机构实施定向降准政策，继续落实并完善对各类普惠金融服务机构的优惠存款准备金率政策，发挥支农、支小再贷款、再贴现对资金投向、利率的传导功能，创设扶贫再贷款，推进农村“两权”抵押试点工作，同时发挥宏观审慎工具的激励引导作用。

五、加大财税政策支持力度

政府推出一系列财税政策，通过市场化途径作用于不同的金融产品和服务，推动普惠金融发展。中央支持地方设立风险补偿基金，鼓励金融机构加大对农业和小微企业的贷款投放力度。对金融机构符合条件的普惠金融领域贷款实行免征增值税、印花税，减征所得税，提高贷款损失准备税前扣除标准，扩大呆账核销自主权等税收优惠。整合设立普惠金融发展专项资金，加大对新型农村金融机构和西部基础金融服务薄弱地区金融机构的支持力度。对保险公司种植业、养殖业保费收入实行所得税优惠，对农业保险实行保费补贴，开展农业大灾保险试点。

六、完善差异化普惠金融监管机制

要求银行单列信贷计划，指导建立续贷、尽职免责等内部管理机制。围绕小微企业、农户等普惠金融重点客户设定增速、户数等监管考核目标。加强普惠金融业务统计界定和监测分析，明确资本管理、不良贷款容忍度等差异化监管要求。健全完善银行业普惠金融重点领域贷款统计体系和全面的普惠金融指标体系。

七、优化保险监管支持政策

通过加强窗口指导、适当降低业务资质要求等方式，引导保险机构到贫困地区开办农业保险。鼓励保险公司配合各地开展贫困人口补充医疗保险，为外出务工农民开辟易地理赔绿色通道。支持教育脱贫，开展针对贫困家庭大中学生的助学贷款保证保险。采取差异化监管措施，鼓励保险资金向贫困地区基础设施和民生工程倾斜。

八、完善普惠金融信用信息体系和共享平台建设

持续推进“银税互动”“银商合作”“信易贷”，扩大受惠企业范围，提高信用信息共享效率。推进全国信用信息共享平台建设，依托“信用中国”网站强化社会信息公示，建立失信联合惩戒机制。加快建立多层级的小微企业和农民信用档案平台，扩大金融信用信息基础数据库的机构覆盖面。多地搭建综合金融服务平台，全面整合不同政府部门信息资源。

九、建立健全普惠金融风险分担机制

开展动产担保统一登记试点，打造应收账款融资服务平台。设立国家融资担保基金、发展政府支持的融资担保公司，开展政府性融资担保基金切实支持小微企业和“三农”发展的相关监督工作。多地设立专项信用保证基金和担保基金，发挥担保增信作用，探索形成“政府＋银行＋保险”小额信贷风险共担模式。

十、加大金融消费者权益保护力度

强化普惠金融领域信息披露和市场透明度建设，完善金融消费者权益保护制度体系，逐步建立健全金融消费者保护监督管理机制。广泛开展金融知识进万家、进校园、进社区等金融知识宣传普及活动，利用宣传片、公众号等渠道创新金融知识普及和宣传方式。建立金融消费纠纷多元化解决机制，开展金融消费权益保护专项检查，治理侵害金融消费者权益行为。

1.2.2 取得成效[①]

一、民众更广泛地享有金融服务，金融服务的便利性不断提升

银行结算账户和银行卡广泛普及，全国及农村地区人均持有

① 1.2.2 节数据来源于《2019 年中国普惠金融发展报告》。

量持续稳步增长。截至2019年6月末，我国人均拥有7.6个银行账户、持有5.7张银行卡，较2014年末分别提高60%和50%。电子支付继续较快发展，使用普及率持续提升。全国使用电子支付的成年人比例为82.39%，比2018年高5.49个百分点；农村地区使用电子支付的成年人比例为72.15%，比2018年高5.64个百分点。全国每万人拥有的ATM和POS机具数量稳步增加，受理市场环境持续完善。截至2019年6月末，我国每10万人拥有ATM 79台，显著高于亚太的平均水平63台；我国每10万人拥有POS机2356台，较2014年末实现翻倍。非现金支付业务量平稳增长，非银行支付机构网络支付业务量增长迅速。2019年上半年，发生银行业金融机构移动支付业务434.24亿笔，金额达166.08万亿元，呈现持续增长态势。

二、农村地区基础金融服务覆盖面持续扩大，金融覆盖形式不断创新

金融服务已覆盖绝大部分乡镇，截至2019年6月末，全国乡镇银行业金融机构覆盖率为95.65%，行政村基础金融服务覆盖率99.20%，比2014年末提高8.10个百分点；全国乡镇保险服务覆盖率为95.47%。普惠金融支付服务点已基本打通金融服务“最后一公里”，与电商融合发展取得成效。银行卡普惠金融支付服务点已达82.30万个，多数地区已基本实现村村有服务。农村地区电子支付进一步推广，为农村电商发展提供支撑。2019年上半年，农村地区发生网银支付业务63.54亿笔，金额达74.27万亿元，发生移动支付业务47.35亿笔，金额达31.17万亿元；银行机构办理农村电商支付业务3.57亿笔，金额达4030.33亿元；银行卡普惠金融支付服务点发生支付业务（含取款、汇款、代理缴费）2.14亿笔，金额达1813.25亿元。

三、持续增加普惠金融重点领域供给，各项服务可得性进一步提升

小微企业金融服务实现增量、扩面、降本、控险平衡发展。截至2019年6月末，全国小微企业贷款余额35.63万亿元，其中普惠型小微企业贷款（单户授信总额1000万元及以下的小微企业贷款）余额10.7万亿元，较年初增长14.27%，比各项贷款增速高7.14个百分点；有贷款余额户数1988.31万户，较年初增加265.08万户。2019年上半年新发放的普惠型小微企业贷款平均利率为6.82%，较2018年全年平均利率下降0.58个百分点。全国普惠型小微企业贷款不良率3.75%，较年初下降0.43个百分点。2019年上半年，信用保险和贷款保证保险累计服务34.37万家小微企业，助其获得银行贷款533.68亿元。

金融支持乡村振兴力度不断加大。截至2019年6月末，全国涉农贷款余额34.24万亿元，其中，农户贷款余额9.86万亿元。普惠型涉农贷款余额6.10万亿元，占全部涉农贷款的17.80%，较年初增长8.24%，高于各项贷款平均增速1.11个百分点。2019年上半年，全国农业保险为1.17亿户次农户提供风险保障约2.57万亿元，为1500.52万户次受灾农户支付赔款203.09亿元。

金融脱贫攻坚精准发力。截至2019年6月末，全国扶贫小额信贷累计发放3834.15亿元，余额2287.57亿元；累计支持建档立卡贫困户960.14万户次，余额户数566.62万户。扶贫开发项目贷款余额4274.04亿元。全国334个深度贫困县各项贷款余额17365.89亿元，较年初增长1274.27亿元，增速为7.92%。产业精准扶贫贷款余额1.24万亿元，带动建档立卡贫困人口805万人（次）脱贫发展。

四、深化普惠金融体制改革，初步形成“敢做、愿做”普惠金融的机制

金融机构继续深化普惠金融机制体制改革，推动专营机制落地进一步见成效。大中型银行基本完成普惠金融事业部等专营机制建设。5家大型商业银行在总行和全部185家一级分行成立普惠金融事业部，10家股份制商业银行已设立普惠金融事业部或专职开展普惠金融业务的部门及中心，在单列信贷计划、授信尽职免责、内部考核激励、内部资金优惠等方面对普惠金融重点领域服务实施差异化激励。各银行进一步落实授信尽职免责制度，通过明确认定主体、建立问责听证制度、畅通内部申诉渠道、建立容错纠错机制等做法，增强风险贷款责任追究透明度，提升责任认定客观性。

五、创新普惠金融技术和产品，“能做、会做”普惠金融的局面有所改善

互联网、云计算、大数据技术等现代信息技术手段得到充分运用，有效提高普惠金融服务质量和效率、降低运营成本，如，建设银行“小微快贷”全流程线上融资模式、网商银行基于线上大数据风控的“310”模式。积极支持和推动金融机构针对普惠金融重点服务对象特点和需求，打造专属产品和服务。如，针对小微企业资金周转“短、小、频、急”的特点，农业银行推出“一次授信、一次签约、三年内可循环用信、年度复审”业务模式。保险公司创新性开发普惠性强的保险产品。以增强农业保险内在吸引力、减轻农户保费支出为核心，增加关系国计民生和粮食安全的大宗农产品保险覆盖的农作物品种。有14家财险公司开发了小额人身意外伤害保险、残疾人意外伤害保险。依法合规稳妥推进保险资金支农支小融资业务试点，为小微企业和农业企业提供“保险 + 融资”综合金融服务。鼓励各地结合优势产业开展特色农产品保险，积极创新农业保险服务模式，不断满足农户多元化的风险保障需求。如，安徽省部分地区探索开展了农业保险“基本险 + 商业险 + 附加险”三级保险保障体系，海南深入推进天然橡胶“保险 + 期货 + 扶贫”试点，广西围绕糖料蔗生产经营开展了价格指数保险试点，甘肃探索开展“一户一单、一户一保、一户一赔”的种养产业综合保险。

六、发挥多层次资本市场服务功能，拓宽市场主体融资渠道

逐步完善新三板关于普通股、优先股等融资工具的直接融资体系，截至 2019 年 6 月末，新三板挂牌公司小微企业累计融资 5120 次，融资金额达 1285.5 亿元。推进区域性股权市场进一步规范发展，更好发挥对中小微企业和“三农”的支持作用。区域性股权市场挂牌企业 2.75 万家，展示企业 10.32 万家，累计实现融资 10020 亿元。稳步扩大创新创业公司债券发行试点规模，稳步发展供应链金融资产证券化产品，提高小微企业资金周转效率。创新创业公司债券累计发行 57 单，融资金额超过 80 亿元；供应链金融资产证券化产品累计发行 475 单，金额达 3474.72 亿元。积极支持期货交易所研究开发各类符合实体经济发展需求的农产品期货、期权品种。2019 年 2 月发布的《期货公司分类监管规定》，将期货公司“保险 + 期货”开展情况纳入评价规则体系。

七、加强信用信息体系和共享平台建设，缓解因缺信息造成的融资困难

各地多层级建立中小微企业和农户信用信息数据库，完善信息征集机制。截至 2019 年 6 月末，全国累计为 261 万户中小微企业和 1.87 亿农户建立信用档案。进一步完善征信体系建设，推

动符合条件的放贷机构接入金融信用信息基础数据库。截至2019年6月末，个人和企业数据库分别接入机构3642家和3524家；共收录9.99亿自然人、2757.5万户企业和其他组织的相关信息。下调征信服务收费标准，降低普惠金融服务对象征信成本。有序推进征信系统非金融信息采集。发挥市场化征信机构作用，截至2019年6月末，人民银行共备案企业征信机构130家，2019年上半年对外提供各类征信产品和服务22亿次。多地搭建综合金融服务平台，全面整合不同政府部门信息资源。

八、金融消费者权益保护力度不断加强，消费者金融素养提升

大力推进金融知识纳入国民教育体系，面向学生开展“金融知识进校园”活动、组织编写中学生金融知识普及读本、建设金融基础知识类开放课。人民银行公布的《2019年消费者金融素养调查简要报告》显示，2019年消费者金融素养指数为64.77，比2017年提高1.06。推进金融消费纠纷非诉第三方解决机制建设。建成运营中国金融消费纠纷调解网在线调解平台，在广东、上海、宁波、青岛等11地建成省级（副省级）金融消费纠纷调解（金融ADR）组织。

1.2.3 难点与挑战

一、普惠金融理念未能深刻理解

尽管普惠金融的概念已经越来越普及，但很多人仍然将普惠金融想得很简单，各金融服务提供者的理解或做法仍大相径庭，从而常常产生适得其反的效果。不少人仍将普惠金融等同于信贷补贴、指令性贷款以及慈善活动。在很多人眼里，只有少数金融产品（如信贷）是与普惠金融相关的，很少考虑金融服务不足群体所需产品的多样性，或是产品设计的适当性。一些人甚至认为在金融落后地区并没有金融服务需求，即使在这些地区提供了金融服务，金融机构也得严重依赖补贴。一些金融科技公司往往混淆“普惠金融”和“数字金融”的概念，实际其开展的业务与普惠金融并无太大关系，金融产品未能惠及群众。因此，必须确保各级利益相关者都能充分理解并践行全面的普惠金融理念，进而盘活资源，使各个群体从中受益。

二、政府角色亟须重新定位

政府的支持为普惠金融的发展提供了重要支撑。但同时金融机构也受到了较多的行政干预，从而抑制了市场竞争和创新，普惠金融面临的未来发展路径没有完全市场化运作，对市场产生了扭曲效应。这样的方式无法为普惠金融长期、可持续发展奠定基础。因此，政府目前面临的一个重要挑战是需要从战略上清晰地思考：什么是政府合适的角色定位，如何恰当地综合运用直接和间接的公共措施，以及如何开展政府和金融机构的互动，驱动普惠金融发展，同时政府也需要提升执法效率，取缔不当和非法的金融活动，保护信贷双方的合法权益，以进一步提升法治水平，使普惠金融实现长期、可持续发展。

三、业务模式有待改进

商业可持续不仅是普惠金融可持续发展的基础，也是维持整个金融体系有效和健康运行的前提。然而，对许多金融服务提供者而言，在实现普惠金融的商业可持续性方面，仍然存在着很多障碍。在人口较少的偏远地区或农村地区，人均收入低、产业结构单一、基础设施落后，金融服务提供者难以盈利。在城镇地区，金融服务提供者也面临着信息不对称、抵押物缺乏、信用信息不健全、服务成本高等问题。为了提高商业可持续性，一些金融服务提供者要转变企业文化和商业模式，走以市场驱动创新和以客户为中心的道路。金融服务提供者的公司治理、内部管理制度以及产品设计和提供方式需要转变和创新，以实现商业可持续，并与新的市场参与者竞争。对于政府而言，应该重新考虑阻碍商业可持续性的行为，例如过度的、不精准的和（或）没有确定期限的补贴及税收减免，直接指定贷款对象，或者治理和管理方面的干预。政府必须将其重点转向为普惠金融创造有利的整体环境。法律和监管框架中阻碍商业可持续的内容也要进行修订，例如对小贷公司和村镇银行的股权和经营地域方面的限制。

四、对数字金融风险管理水平形成考验

实现普惠金融长期可持续发展离不开创新，尤其要充分利用数字技术。然而数字金融模式也会带来巨大的风险，数字技术的使用、服务提供的规模化以及大型系统可能存在的故障都会加剧操作风险；客户信息可能会被泄露或滥用，有关新型业务模式的信息披露也不够，这些问题都加剧了消费者风险，如 P2P 网贷行业。当监管明显滞后，无法约束不负责任的市场行为时，所有这些风险都会进一步加剧。因此金融管理者目前面临的挑战是如何在营造有利于金融创新的环境和监督管理风险这两大目标之间达到平衡。《推进普惠金融发展规划（2016—2020 年）》强调了有效管理金融体系风险的必要性。战胜这一挑战需要监管方式的革新和能力上的提升，此外，监管者需要用新机构、新产品、新模式的相关专业技能和知识来武装自己，需要有充足的人员和资源，包括利用数字工具开展监管。管理部门之间需要充分和积极的协调，以减少监管重叠、监管盲区，提高监管效率。

五、新型农村金融服务效能未充分发挥

村镇银行和小额贷款公司是近年来在中国出现的新型农村金融服务提供者，设立这类机构旨在促进农村地区普惠金融发展。尽管这些金融服务提供者已经取得了一定成功，但其经营、治理以及监管环境仍然需要大幅改善，以更好地发挥其助推普惠金融的潜能。例如，村镇银行面临的主要问题是发起人银行控制的股权结构所导致的较高的经营和管理成本以及创新不足。小额贷款公司的主要问题在于资金来源有限，成本高、税负重，其风险管理能力也亟须提升。此外，这两类机构都面临着其他监管规定对其经营的约束，这导致了较低的利润率，对持续增长带来了挑战。

六、 消费者金融能力有待提升

较高的消费者金融素养和金融能力是普惠金融的重要支撑。由于金融的数字特性日益增加，消费者若要成功发现、接受、使用合适的金融产品和服务，就需要更多的金融能力。2018 年，中国人民银行的调查显示，中国消费者的金融素养在一些方面表现良好。但是，2018 年的调查也发现一些不尽理想的方面，包括消费者风险意识需要加强，家庭支出规划的执行力有待提升，未能充分理解和使用金融产品的合同和对账单，金融知识整体水平有待提高，知识水平在城乡间和区域间具有不平衡特征。与之相关的是，在一些地区的企业、个人甚至地方政府，信用意识较为落后，此外，金融消费者缺乏数字技术知识，导致他们无法使用数字金融服务，或是使他们处于不当金融产品和服务的威胁之下，自身的利益受到侵害，同时也造成数字金融相关的问题和风险。有效的金融消费者教育可以促进普惠金融发展，为了实现这个目标，要长期、定期开展消费者金融素养调查，开展金融教育，引导消费者正确运用金融知识，进行风险自我评估，并根据自身的风险承受能力和相关产品的风险特征选择合适的金融产品。

1.3　农村普惠金融发展

1.3.1　必要性

一、农村普惠金融是普惠金融发展的重中之重

普惠金融作为一个为百姓服务的政策，主要服务群体和阶层是贫困、低收入群体以及小微企业。国家统计局调查显示，截至 2019 年末，全国仍存在 551 万农村贫困人口，同时，由于我国地区发展不平衡，二元经济现象凸显，农村地区交通不畅、居住分散、有效金融需求有限、农业生产风险高等原因，导致金融机构在农村地区开展金融服务成本高、风险大、盈利低，普遍存在金融服务相对滞后、结构性排斥长期存在、民间借贷与信用借贷并存、金融供给侧导向不足等一系列突出问题。因此，农村普惠金融是我国普惠金融事业发展中一项艰巨任务，是重中之重。

二、农村普惠金融是推动乡村振兴的重要抓手

2020 年是全面建成小康社会的决胜期，“三农”领域有不少必须完成的硬任务，做好“三农”工作对有效应对各种风险挑战、确保经济持续健康发展和社会大局稳定具有重要意义。而乡村振兴战略的部署是新时代“三农”工作一个总的抓手，实施乡村振兴战略离不开金融的支持，特别是农村普惠金融的支持。近年来，在党中央、国务院正确领导下，金融系统认真落实《乡村振兴战略规划（2018—2022 年）》等决策部署，积极做好农村金融服务，促使金融资源更多流向“三农”等薄弱环节，为支持服务乡村振兴贡献金融力量。但是，必须看到，农村金融发展仍存在金融供需矛盾、深层次体制机制尚未解决等问题，亟须以农村普惠金融为契入点，提升农村金融服务整体效能，以此为农村经济社会发展提供源源不断的金融动力。

三、农村普惠金融是助推脱贫攻坚的重要力量

农村普惠金融是农村经济的核心，是推动脱贫攻坚的重要力量。一方面，农村普惠金融利用数字技术，降低金融服务门槛和交易成本，将更多贫困弱势群体纳入金融服务范围，直接为其提供储蓄、信贷、理财、保险、支付等金融服务，促进贫困者收入增加，直接作用贫困减缓。另一方面，农村普惠金融通过促进农村经济增长和增强农户自身发展能力，即支持农村实体产业，进而为贫困者提供更多的就业机遇；同时增强贫困群体的文化素养、金融意识、信用观念和就业技能，提升贫困者的自我发展能力，从而间接促进贫困减缓。

1.3.2 做法实践

在农村金融基础设施方面，不断完善农村支付体系、信用体系和信贷担保体系建设。一是加强农村支付配套政策支持，推动各类金融机构渠道“下沉”、服务“进村”；强化农村支付服务基础设施建设，升级农村支付服务工具和方式，持续推广农村地区非现金支付；健全针对特定群体的惠农支付服务体系，深化助农取款服务和农民工银行卡特色服务。二是积极推动和地方政府及金融机构的合作，为尚未获得贷款支持的农户建立信用档案，构建以信用为基础的正向激励机制，引导金融机构发放免抵押、免担保的信用贷款，将信用建设、信用意识、信用支持有机结合，让信用体系建设的大方针在基层落地。同时，持续推进征信系统、动产融资统一登记系统、应收账款融资服务平台等金融基础设施建设，支持涉农融资和农村信用体系建设。三是建立健全政策性强、专注现代农业发展、覆盖全国的农业信贷担保体系，明确对农担体系业务实行业务范围和担保额度“双控”管理。

在农村普惠金融扶持政策体系方面，强化政策合力。人民银行灵活运用差别化准备金率、再贷款、再贴现、抵押补充贷款等货币政策工具，结合宏观审慎评估参数的动态调整，引导金融机构加大对“三农”的金融支持力度。中央财政和税收部门不断完善和优化政策措施，综合运用税收优惠、贴息、奖补、保费补贴等手段，激励金融机构加大支农力度。银保监会要求银行单列信贷计划，围绕农户等普惠金融重点客户设定增速、户数等监管考核目标，同时将普惠金融服务情况纳入监管评价体系，明确资本管理、不良贷款容忍度等差异化监管要求。

在农村金融改革方面，涉农银行业机构不断回归本源，将服务实体经济作为出发点和落脚点。农村信用社加快推进改制与优化公司治理。持续推动农业银行“三农”金融事业部改革。加紧搭建邮储银行“三农”金融业务管理架构。推动大中型商业银行构建条线化管理体制和专业化经营机制，发展形成各具特色的差异化普惠金融事业部模式。开展投资管理型村镇银行和“多县一行”制村镇银行试点。

在推动产品和服务创新方面，精准发力乡村振兴。稳妥有序推进农村承包土地经营权和农民住房财产权抵押贷款试点，推动试点工作提质、增量、扩面。探索开展大型农机具抵押、农业生产设施抵押、供应链融资等业务，支持农业高质量发展和适度规模经营。创新探索多种模式，为绿色农业、田园综合体、水利建设、环境整治等项目提供资金支持。农业保险“扩面、提标、增品”取得阶段性成效。

在金融扶贫方面，从信贷、直接融资等多方面加大对贫困地区脱贫攻坚的金融支持。优化运用扶贫再贷款发放贷款定价机制，扩大试点范围，调整非试点地区运用扶贫再贷款发放贷款的利率。完善扶贫小额信贷管理政策，针对资金使用不合理、贷款发放不合规、风险管理不到位等苗头问题提出完善措施。加大资本市场支持力度，支持贫困地区通过“绿色通道”发行上市，创新推出扶贫票据和扶贫公司债券，将扶贫纳入上市公司信息披露范围，引导金融机构积极开发扶贫信贷、保险产品。

1.3.3 取得成效①

根据中国人民银行发布的《2018 年中国普惠金融指标分析报告》和《中国农村金融服务报告 2018》，我国农村普惠金融稳步发展，金融服务可得性、使用情况、质量进一步改善，传统金融产品和服务已在农村地区广泛普及，信息科技也正改变着农村地区普惠金融的发展方式。

一、金融服务使用情况逐年提升

农村地区银行结算账户和银行卡广泛普及，人均持有量平稳增长，总体上实现了人人有银行结算账户，活跃使用账户稳步增加，截至 2018 年末，农村地区个人银行结算账户 43.05 亿户，人均 4.44 户；企业法人单位银行结算账户数量平稳增长，银行账户服务效率明显提高，截至 2018 年末，农村地区单位银行结算账户 2174.83 万户；电子支付发展迅速，使用普及率较高，农村地区 60% 以上的成年人使用过电子支付；非银行支付机构的网络支付服务迅速向农村地区转移，2018 年，发生非银行支付机构移动支付业务 93.87 亿笔，金额达 52.21 万亿元。“三农”信贷投入

---

① 1.3.3 节数据来源于《2018 年中国普惠金融指标分析报告》和《中国农村金融服务报告 2018》。

维持稳定增长，截至2018年末，金融机构农村、农户以及农林牧渔贷款余额分别同比增长6%、13.9%和1.8%，全口径涉农贷款余额同比增长5.6%。

二、金融服务可得性不断改善

多元化、广覆盖的农村金融组织体系不断完善，截至2018年末，金融机构空白乡镇从启动时（2009年10月）的2945个减少到1314个，实现乡镇金融机构和乡镇基础金融服务双覆盖的省份从2009年10月的9个增加到18个。全国共有33家保险机构开展农业保险业务，保险机构农业服务网点乡镇覆盖率达95%，村级覆盖率超过50%。农村银行营业网点不断巩固与优化，截至2018年末，农村地区银行营业网点达12.33万个，逐渐扭转了农村地区银行网点撤并收缩的趋势。普惠金融支付服务点已基本打通金融服务“最后一公里”，截至2018年末，普惠金融支付服务点达86.49万个，覆盖村级行政区50万个，村级行政区覆盖率高达98.23%；受理市场环境不断完善，农村地区每万人拥有的ATM和POS机具数稳步增加，基本实现乡乡有ATM，村村有POS机，ATM万人拥有数量为3.93台，POS机万人拥有73.90台。

三、金融服务质量稳步提高

农民金融知识水平和金融素养有所提升，金融消费纠纷非诉解决机制建设全面铺开，投诉受理量平稳增长，投诉办结率超过九成；农村信用信息体系建设日趋完备，农户信用贷款比例持续提升。截至2018年末，征信系统已经收录9.8亿自然人，其中办理过农户贷款的自然人9467.5万人，办理过农林牧渔信贷业务的农村企业及其他组织46.6万户，征信系统已基本覆盖农村商业银行、农村合作银行、农村信用社、村镇银行、小额贷款公司、融资性担保公司等主要涉农放贷机构类型，农村地区“守信激励、失信惩戒”的激励约束作用日益显现，农村信用环境得到了有效改善。

1.3.4 难点与挑战

在农村普惠金融快速发展的同时，农村地区普惠金融发展依旧存在金融资源分配不均、金融基础设施建设有待加强、金融素养有待提升、商业可持续性有待提高等问题，也还存在一些深层次体制机制等问题。对照《推进普惠金融发展规划（2016—2020年）》的要求，农村普惠金融发展、改革创新仍然任重道远。

一、农村金融市场需进一步深化

近年来，我国金融市场创新不断涌现，金融机构、组织和产品不断丰富，金融深化进程加快，而农村和县域金融深化程度相对滞后，主要表现在立足社区、支农支小、特色鲜明的中小金融机构培育不够。虽然农信社、村镇银行等中小金融机构发展较快，但由于内部治理不完善、外部监控不到位、激励银行坚守服务乡村定位的政策体系尚不完善等原因，部分机构出现偏离支农支小定位，脱农向城、脱实向虚的现象。

二、农村金融风险管理水平有待提高

目前，农村金融领域主要沿用传统的授信模式和风控手段，制约了农村金融整体风险控制水平的提升。农村和县域的财产权抵押登记、评估、流转等金融基础设施明显不足，服务“三农”的融资担保体系存在合作机制不完善，资本补充不畅、质押物处置难等问题；同时还存在农户对保险认识不深、保险机构服务能力不足、县域和农村对金融消费者合法权益的保护力度不够等问题。

三、外部环境变化对农村金融服务和监管形成考验

当前，农村金融体系的外部环境和内部构成发生了很大变化，对农村金融服务和监管能力形成考验。如新型农业经营主体、新型抵押担保模式考验金融机构的风险定价能力；城乡融合、产业融合发展考验金融机构交叉创新性业务能力；数字技术对传统商业模式形成冲击，也带来“数字鸿沟”等新问题。这种变化既考验金融机构的应变能力，又考验监管部门的监管能力。

1.4 普惠金融发展的模式

1.4.1 国际普惠金融发展的几种模式

一、孟加拉国乡村银行模式

孟加拉国乡村银行（GB）主要向贫困农民，尤其是妇女提供综合金融服务，其支柱是以小组为基础的农民互助组织，其特色是“互助、互督、互保”。

二、印度尼西亚人民银行乡村信贷部模式

印度尼西亚人民银行成立乡村信贷部（BRI–UD），独立运营，下设地区人民银行、基层银行和村银行，村银行是基本经营单位，独立核算，自定贷款规模、期限和抵押，具体执行贷款发放与回收。

三、拉丁美洲村银行模式

小额信贷机构以一个村的整体信用为支撑，在村范围内发放小额贷款。具体模式为村银行一般由30~50个会员（95%以上为贫困妇女）组成，会员自主决定存贷款利率，一般高于商业银行，贷款者的存款额要达到贷款额的20%以上方能借贷，属于强制性储蓄，由存款规模决定下轮贷款的规模。目前村银行模式已被25

个国家的3000个地方借鉴。

四、印度“正规金融机构+农民互助组织”模式

该模式是创始于1991年的印度国家农业和农村发展银行（NABARD）与非正规农民互助组（SHG）的结合。NABARD通过其员工和合作伙伴（亦称互助促进机构，如NGO[①]、基层商业银行、信用社、农民合作组织、准政府机构等），对由15~20名妇女组成的互助组进行动员和建组培训，互助组内部先进行储蓄和贷款活动，NABARD验收后直接或通过基层商业银行间接向农民互助组发放贷款。

五、玻利维亚团结银行模式

玻利维亚团结银行（BancoSOL）成立之初是一个以捐款为资金来源的非营利性组织，其贷款对象是中低收入阶层，不是赤贫者，贷款小组一般由3~7人组成，贷款发放时所有会员可同时获得贷款，贷款期限灵活，1个月到1年不等，贷款还款方式灵活。但每笔借款数额较大，超过1500美元，贷款的利率也较高，年均贷款利率47.5%~50.5%，还需要支付2.5%的佣金，高利率贷款使银行实现财务自立，不必依赖政府补贴就可以获得高收益。

六、巴西代理银行业务模式

巴西地理形势导致其在边远地区设立银行分支机构较为困难，因此，巴西尝试将一些非银行机构，如零售商店、邮局、彩票销售点等发展为银行代理机构，通过将银行功能分解外包给代

① Non-Governmental Organizations（非政府组织）一词起始于1945年联合国成立，是一类不属于任何政府、不由任何国家建立的组织，一般具有非政府性、组织性、公益性、自治性、非政治性等特点。由于各国文化、法律等的差异，不同国家对这个概念的指称所适用的对象范围也各不相同。如美国一般称之为“非营利组织”“第三部门”，英国称之为“志愿组织”，还有一些国家则用“社团”称呼。

理机构使其经营多元化，提供的服务范围也更加广泛，使用代理机构的商业银行也必须对代理机构的经营全权负责。同时，巴西政府出台了一系列的综合政策措施，使代理银行运营成本更低，能够在更大范围内，以更多的形式提供经营服务。

七、菲律宾 Novaliches 发展组织模式

菲律宾 Novaliches 发展组织模式是典型的合作社模式代表，属于非政府组织，经菲律宾农业合作发展局批准设立，主要通过吸纳存款和提供服务等方式积累资金，向成员发放贷款。这种模式一般都是在拥有一定的初始资本后，向政府有关部门申请核准注册，再通过吸纳存款、收取会费等方式招募成员，并选举产生贷款审核委员会等机构，向成员提供资金信贷等系列服务。

1.4.2　国内普惠金融发展的模式

《推进普惠金融发展规划(2016—2020年)》提出，到2020年，建立与全面建成小康社会相适应的普惠金融服务和保障体系，有效提高金融服务可得性，明显增强人民群众对金融服务的获得感，显著提升金融服务满意度，满足人民群众日益增长的金融服务需求，特别是要让小微企业、农民、城镇低收入人群、贫困人群和残疾人、老年人等及时获取价格合理、便捷安全的金融服务。随着我国金融体制改革及金融市场发展，中国人民银行、银保监会按照国务院部署，加强中央和地方联动，积极推进河南兰考县、陕西宜君县等一系列的普惠金融改革试验区和示范区建设，探索普惠金融发展模式，取得了一系列可复制、可推广的成熟经验。

一、“兰考模式”

2016年12月，国务院批准在河南省兰考县建设全国首个国家级普惠金融改革试验区，兰考紧扣“普惠、扶贫、县域”三大主题，通过“五个结合”——普惠金融与金融扶贫、产业发展、基层党建、激励政策、信用建设相结合，初步形成了以数字普惠金融综合服务平台为核心，以金融服务体系、普惠授信体系、信用信息体系、风险防控体系为基本内容的“一平台四体系”模式。截至2019年11月末，兰考数字普惠金融综合服务平台——“普惠通”APP下载量达390万人次，已上线180余家银行（含地方法人机构）的900余款金融产品，范围涵盖贷款、保险、理财、支付缴费、金融消费者权益保护等；建成服务站454个，其中2个数字化服务站、16个重点站；已完成15万余户的基础授信，银行与1.43万名农户签订普惠金融贷款合同，金额达6.18亿元；通过农村和中小企业信用信息系统录入16.03万农户信息、5708户中小企业信息，92.3%的农户有了电子信用档案。同时，河南省22个试点县（市）和地区结合自身特点，因地制宜地就“一平台四体系”普惠金融“兰考模式”进行了复制推广，目前已以点带面扩展到河南全部县域，进一步丰富了普惠金融实践。

二、“宁波模式”

2015年，宁波市经中国人民银行批复设立全国第一个普惠金融综合示范区，以融资服务、支付服务为两条主线，全力优化普惠金融信用信息服务、普惠金融（移动）公共服务、助农金融服务三大平台，逐步实现融资服务、支付服务、风险防控和金融知识教育的全覆盖，有效提升了金融服务的覆盖面、可得性和满意度。一是加快数字普惠金融产品和服务方式创新；二是拓宽普惠金融融资渠道，积极参与民企债券融资支持工具试点；三是建设普惠金融信用体系；四是开展普惠金融保险创新；五是构建数字普惠金融风险防控体系。为了巩固试点成果，2019年12月宁波获批创建全国普惠金融改革试验区，力争三年内建成与“数字宁波”

相适应的普惠金融基础设施，形成支持制造强市、服务民营经济及小微企业和助力乡村振兴的多元金融供给体系，实现融资、数字支付、风险防控和金融知识教育等四大普惠金融服务“全覆盖”。

三、“宜君模式”

宜君县是全国唯一的县级农村普惠金融综合示范区试点。宜君县紧紧围绕“提升金融服务、强化金融教育、优化基础设施网络”三大主题开展示范区建设并深化试点成效，扩大试点带动和辐射效应。截至2019年末，宜君县共建成普惠金融综合服务站13个，乡镇级覆盖率达到100%；建成普惠金融支付服务点227个，行政村覆盖率达100%；智能终端设备村级覆盖率达100%，发放全国首批“乡村振兴主题卡”1229张，实现了“基础金融不出村、综合金融不出镇”。同时，22条经验成果已在全省复制推广，世界银行普惠金融全球倡议项目（FIGI）宜君试点正式启动。基于宜君普惠金融试点良好实践，铜川市普惠金融试点申报工作进展顺利，试点探路作用得到充分显现。

四、“青海模式”

2016年6月，中国人民银行批复同意开展青海省普惠金融综合示范区试点工作，这是继浙江宁波市和陕西宜君县之后第三个获批的普惠金融综合试点，也是全国首个省级普惠金融综合示范区。青海省聚焦欠发达民族地区脱贫攻坚和绿色发展，创新开展“扶贫普惠、网络普惠、信用普惠、绿色普惠”，着力破解普惠金融服务半径大、成本高、可持续难度大等难题，有力提升了全省普惠金融服务的覆盖面、可得性和满意度，有效助推了全省脱贫攻坚与生态保护，初步探索形成了符合青海省省情的多层次、广覆盖、差异化普惠金融服务体系，为西部民族地区发展普惠金融提供了可行路径。

第2章　宜君县农村普惠金融试点总体实践

铜川市宜君县是国家扶贫工作重点县、“金惠工程”重点推广区、“金融知识普及示范点”。2016年4月，中国人民银行启动陕西省铜川市宜君县农村普惠金融综合示范区试点工作，制定印发《陕西省铜川市宜君县农村普惠金融综合示范区试点方案》，这是中国人民银行在中西部地区建立的第一个，也是全国唯一一个县级农村普惠金融综合示范区。基于宜君农村普惠金融发展基础及前期工作积累经验，试点地区确定了以“创新金融产品、普及金融教育、完善基础设施”三大主题开展示范区建设，农村金融服务的可得性、便利性明显提升，反映示范区建设成效的“宜君指数”显著增长，普惠金融综合示范区试点建设成效显著。在宜君农村普惠金融推进的过程中，试点地区深入总结提炼出失信贫困户信用修复机制、金融精准扶贫“四+”组合拳模式、农村普惠金融综合服务站“五站统建、五员一体”模式、农村普惠金融教育“六个一”模式、数字普惠金融“五项建设”模式、“宜君指数”等六大可推广、可复制的经验做法及22条具体措施。

2.1　试点开展背景

2.1.1　新形势下农村普惠金融发展的迫切需要

大力发展普惠金融既是我国全面建成小康社会的必然要求，

也是助推经济发展方式转型升级，促进金融业可持续均衡发展，增进社会公平和社会和谐的现实需要。在普惠金融发展中，贫困地区、贫困群体始终是重点关注的对象和发展领域。在扶贫攻坚的新阶段，通过发展普惠金融，积极改善和提升金融服务水平，构建能够满足贫困群众金融需求、推动贫困地区经济社会发展的金融服务体系，增强贫困群众和贫困地区对金融服务的获得感，是对党中央、国务院关于优先发展贫困地区普惠金融任务和要求的有力落实，也是金融精准扶贫的重要举措。

2.1.2　宜君县作为农村普惠金融示范区的典型性

宜君县是典型农业县，经济金融的欠发达造成了当地普惠金融发展缓慢，主要表现在：一是经济欠发达，脱贫攻坚任务繁重。宜君县是国家扶贫开发工作重点县、革命老区县、人民银行定点扶贫县，面临 2020 年整体脱贫的艰巨任务。针对致贫的主要原因，“五个一批”中，通过产业、就业扶持占 50%，生态补偿和易地搬迁扶持占 28%，医疗、教育及兜底占 22%。加大资金投入扶持发展苹果、玉米、核桃等农业特色产业，培育农业新型经营主体，带动农民增产增收、脱贫致富是当地打赢脱贫攻坚战的重要途径。二是宜君县金融服务不足亟待解决。由于经济发展相对落后，县内金融机构类型较为单一，导致宜君存在基础金融服务可得性不够、金融供给不足、融资成本较高、农民金融素养不高等问题。在脱贫攻坚中，通过普惠金融综合示范区建设，大力发展普惠金融，不断健全金融基础设施，提供有效信贷资金支持，提高农民金融素养，有效改善农村金融服务质量和水平，提升金融服务的覆盖率、可得性和包容性，必将成为金融助推精准扶贫的重要依托和有效路径。基于上述考虑，中国人民银行总行将宜君县确定为第一个农村普惠金融综合示范区，旨在通过宜君县农村普惠金融综合示范区建设，推动金融扶贫和精准扶贫，也是为激发农村金融市场活力，提升农村金融服务水平而采取的有益尝试，对广大中西部地区发展普惠金融，实现全面小康社会具有重要的探索意义和现实意义。

2.1.3 前期的积累为开展农村普惠金融奠定了基础

宜君县2002年被确定为中国人民银行总行定点扶贫县，随着总行金融支持、产业帮扶、资金帮助等政策不断落地，宜君的普惠金融状况不断改善。2009年，宜君县获批“金惠工程”试点县，2013年成为中国人民银行总行“金融知识普及示范点”。在两项试点的机遇下，当地普惠金融发展取得了成效，为宜君县开展农村普惠金融综合示范区试点工作奠定了良好的基础和条件。一是有效落实信贷政策的机制初步形成。人民银行重点做好差别存款准备金率、再贷款、再贴现等扶贫金融工具在宜君县的落地，以此作为引导金融资源向贫困地区、贫困人群倾斜的政策“试验田”，加大产业设施建设，完善风险分担机制。宜君县累计发放支农再贷款8.5亿元，各项贷款年均增速达到41.62%，金融对县域经济的支持和推动作用不断增强。二是基础金融服务体系不断完善。通过积极实施“千点百乡”工程、建设“惠农支付服务示范村镇”等大力推进惠农支付服务建设，初步形成了426个普惠金融支付服务点覆盖全部行政村的支付服务网络体系，电子支付方式不断普及，城乡居民银行卡人均持卡量、交易量较5年前分别翻了2番和4番，金融机具布放实现乡镇全覆盖。大力营造良好的信用氛围，开展信用镇、村、户评定，探索开展诚信企业评定，为信用户开通信贷“绿色通道”，金融生态环境不断优化。

三是城乡居民金融素养逐步提升。依托“金惠工程”和金融知识普及试点工作，将金融知识宣传教育与金融扶贫、金融服务、金融消费权益保护有机结合，组建 300 多人的志愿者队伍，累计宣传培训 2.4 万人次，编写《金融知识简明手册》等 4 本普及读物，城乡居民运用金融改善生产生活的意愿不断增强。四是定点扶贫帮扶作用明显。人民银行将定点扶贫与当地扶贫规划有效对接，围绕改善农村基础设施和发展特色产业累计投入资金 2000 万元，不断放大金融脱贫政策效应，引导涉农金融机构发放扶贫小额贴息贷款 1.16 亿元，为加快当地脱贫步伐、增强“三农”经济发展活力提供有效金融支撑。

2.2　宜君县农村普惠金融发展的现实困境

宜君县具有典型的西部地区县域发展特征，宜君普惠金融的发展因其地区发展状况、服务对象群体而具有特殊性，在前期大量的调研和论证过程中，发现制约宜君普惠金融发展主要存在三个方面的问题。

2.2.1　经济基础薄弱，脱贫攻坚任务艰巨

宜君县是国家扶贫开发工作重点县，县域总面积 1531 平方千米，辖 6 镇 1 乡 1 个街道办事处、117 个行政村。试点前的 2015 年，宜君县地区生产总值 32.53 亿元，在全省 107 个县中位列第 98 位；总人口 9.26 万，其中农业人口 7.78 万人，占比为 84.02%；贫困人口 1.12 万人，贫困发生率为 14.3%，是同期全国贫困发生率的 2.5 倍；城镇居民人均可支配收入 28014 元，比全省平均水平（26420 元）高 1594 元，农村居民人均可支配收入

9542 元，比全省平均水平（8689 元）高 853 元，比全国平均水平（11422 元）低 1880 元。[①]

2.2.2 金融供给不足，农村金融服务的可获得性不高

一是金融组织体系不健全。“一行两会”金融管理部门在宜君县未设立分支机构。同时，金融机构数量较少，试点前该地区仅有 3 家商业银行、6 家保险公司、1 家小额信贷公司。二是信贷支持力度偏弱。宜君县金融机构存贷比较低，2015 年末金融机构存贷比为 35.35%，低于全省 31.78 个百分点[②]。金融机构信贷权限低，贷款手续烦琐，办理过程较长，信贷门槛较高。部分贫困户由于存在不良信用记录面临着被金融机构拒贷的困境，这成为金融扶贫工作中的一个难题。三是金融基础设施覆盖率低。宜君县地处黄土高坡，交通不便，金融机构网点大多集中在县城和乡镇，60% 分散居住在农村的农户无法享受到便捷的金融服务。在移动支付不发达的情况下，农户仍主要依靠传统的网点柜台办理金融业务，获得金融服务的成本偏高。调查显示，村民最长需要走 30 千米，花费 4 小时才能办理金融业务。

2.2.3 农户金融知识较为欠缺，金融活动参与程度低

一是农户金融知识关注度及接受度低。2015 年西南财大中国家庭金融调查与研究中心对宜君县的调查显示，受收入水平较低等客观因素制约，农户对金融信息的关注度以及对金融机构的了

---

① 数据来源：国家统计局、陕西省统计局。

② 数据来源：中国人民银行铜川市中心支行，如无特殊说明，本书数据均为编写组统计调查数据。

解度偏低，调查中有近一半的农户对金融很少关注和从不关注。从家庭资产看，非金融资产占比高达 94%，金融资产占比为 5%，风险资产占比不足 1%；从负债水平看，家庭信贷规模小，宜君居民家庭总负债（银行贷款与民间贷款之和）仅占家庭总资产的 8%。网上银行、手机银行等移动金融普及率不高，只有 26% 的家庭会经常使用手机银行。二是金融生态环境不佳使经济主体参与金融活动程度较低。铜川市金融生态环境评价报告调查显示，相比铜川其他区县，宜君金融发展的经济和社会环境较差。从经济环境看，消费对经济的贡献度较低，仅为 13.6%，同时产业结构不平衡，在工业占主导地位的情况下，规上企业资产收益率低下严重制约了企业的可持续发展，规上企业资产收益率仅为 2.22%。从中介服务环境来看，中介发展滞后，担保机构发展缓慢，落后的中介服务体系建设对经济建设提供的支持力度不足。从金融运行环境建设来看，金融生态环境建设整体基础比较薄弱，金融资产占地区生产总值的比重仅为 8.72% 。

2.3　试点建设思路及总体目标要求

2.3.1　总体思路

为贯彻落实党的十八届三中全会关于发展普惠金融的重要部署，根据《中共中央　国务院关于打赢脱贫攻坚战的决定》以及国务院《推进普惠金融发展规划（2016—2020 年）》等文件精神，以党的十八届三中全会关于发展普惠金融的重要部署为指引，坚持“创新、协调、绿色、开放、共享”的发展理念，既发挥市场的决定性作用，又发挥政府的引导作用，优化金融资源配置，创新金融服务方式，提升金融服务的覆盖率、可得性、便利性和满意度，使广大群众能以合适的价格享受到及时、便捷、高质量的农村金融服务，建设与我国社会主义市场经济相适应的普惠金融服务体系。宜君普惠金融发展必须结合宜君发展实际，在普惠金融发展整体框架下确定适合宜君的发展目标，以宜君普惠金融目标为导向，宜君普惠金融发展存在的难点和弱点为重点突破口，找到适应宜君普惠金融发展的模式，对宜君普惠金融健康可持续发展具有重要的作用。具体思路如下。

一、确立高点定位、全面统筹的“三个结合”普惠金融工作理念

综合示范区的建设需要统筹好普惠金融与金融精准扶贫、金融生态环境建设、金融知识普及教育，实现好“三个结合”。一是将普惠金融与金融精准扶贫相结合，充分整合宜君县作为中国人民银行总行定点扶贫县、全国扶贫开发金融服务工作联系点等优势，有效整合在资金、资源、信息和人才等方面的优势，帮助和引导城乡居民参与金融活动，实现普惠金融和金融精准扶贫成效双提升。二是将普惠金融与金融生态环境相结合，通过推进农村支付环境建设和信用环境建设，优化金融资源配置，激发农村市场活力，营造良好的信用氛围，有效提升金融服务的覆盖率、可得性、便利性和满意度，实现普惠金融与金融生态环境的双向良性互动发展。三是将普惠金融与金融知识宣传教育相结合，巩固“金惠工程”和金融知识普及两项试点在机制、方式、载体等方面形成的有效做法，通过金融知识宣传教育提高城乡居民金融素养，提升借助金融政策发展的意识和能力，让老百姓真正能共享到普惠金融的“红利”。

二、实现资源整合、政策协同的“三方联动”沟通协作机制

农村普惠金融综合示范区试点建设是一项系统工程，既涉及政策、资金、技术、人力等多种资源，也涉及策划、部署、落实、评估等多个环节，需要构建各级人民银行、地方政府、金融机构共同参与、共同攻关、共同推进的“三方联动”工作协调机制。一是各级人民银行发挥在发展普惠金融方面的引领作用，西安分行成立领导小组负责组织推动，并与总行、铜川中支搭建三级联动机制，强化金融政策传导，激励和引导金融机构加大支持力度，及时反馈试点工作推进情况。二是地方政府发挥行政资源组织协调优势，成立推进小组负责协调财政、金融、农业、扶贫等部门统筹实施，发挥政策合力。三是金融机构发挥金融资源投入运用优势，探索和丰富符合当地产业特色和创业特点的金融产品和服务方式，综合运用债券、保险、信托等多种融资方式，加大对小微企业、“三农”等薄弱环节的资金支持力度。

三、设计科学合理、富于创新的“三大体系”具体工作任务

方案提出构建满足需求的普惠金融服务体系、打造普惠金融教育体系、建设便捷高效的基础设施体系“三大体系”，以实现促进农村地区金融服务覆盖率、可得性和包容性“三个提升”。一是构建满足需求的普惠金融服务体系，着力改善农村地区融资难情况。丰富普惠金融产品，探索符合地方产业特色和创业特点的金融产品和服务方式；实施金融精准扶贫，用好用活再贷款、再贴现等货币政策工具；提升贫困人群、残疾人、老年人等特殊群体金融可得性和便利化程度。二是打造普惠金融教育体系，着力提高农民金融素养。以“金惠工程”为载体，实施金融知识扫盲；通过多种方式加强金融知识普及和对风险的宣传，提升金融消费者维权意识和金融风险防范意识。三是建设便捷高效的金融基础设施体系，着力形成良好的金融生态环境。鼓励金融机构积极参与农村支付环境建设，不断丰富农村支付服务主体；加快农村信

用工程建设，优化县域金融生态环境；加强普惠金融统计制度研究，完善普惠金融统计指标体系。

2.3.2 总体要求及目标

宜君县农村普惠金融试点工作围绕“创新金融产品、普及金融教育、完善基础设施”三大主题，探索实施“金融服务创新工程、金融知识扫盲工程、便捷支付应用工程”，使农村地区融资难情况得到明显改善，精准扶贫成效显著提升；形成一套科学完善的农村金融教育培训体系，农民金融素养普遍提高；构建“基础金融不出村、综合金融不出乡镇”的便捷金融服务体系，实现行政村基础金融服务全覆盖，弱势群体的金融服务可得性显著提高，人民群众对金融服务的满意度显著上升。试点建设过程中需要遵循以下基本原则。

一是市场主导，政府扶持。完善市场机制，积极发挥政府在弥补市场失灵方面的重要作用，共同引导金融资源科学合理配置并向薄弱地区和特殊人群倾斜，推动金融机构网点服务下沉，加强和优化基础金融服务。

二是创新机制，激发活力。做好普惠金融政策的整合集成，突出宜君县在政策、资源、信息和人才等方面的优势，激发普惠金融内生活力。

三是示范先行，全面覆盖。在金融生态环境较好的村镇、社区，建设示范镇、示范村、示范社区、示范站，为普惠金融的全面推广积累经验、探索路径。有效满足偏远地区、贫困群众需求，打造多层次、广覆盖、差异化的普惠金融服务体系。

四是防范风险，持续发展。坚持防范风险和鼓励创新并重，在风险可控的前提下，积极稳妥地开展试点工作，优化金融生态环境，促进金融稳定和社会和谐，实现普惠金融体系的高效运行和可持续发展。

按照宜君农村普惠金融的目标及要求确定宜君县农村普惠金融工作重点从以下五个方面推进。

一是加快创新，强化涉农金融服务，支持县域经济健康发展。探索实施“金融服务创新工程”。丰富普惠金融产品，为小微企业和“三农”等薄弱环节提供资金支持。探索有效的金融精准扶贫方式，形成长效机制。突出特殊群体基础金融服务建设，实现金融获得均等化。

二是丰富手段，全面普及金融教育，促进农民共享现代金融改革成果。深入实施“金融知识扫盲工程”。优化“宣传+培训+体验”金融宣教模式，形成教育培训长效机制。突出宣教内容、方式、人群中的重点领域，培育公众风险意识。扩充金融宣教队伍，实现宣教范围全覆盖。

三是强化基础，不断完善金融设施，实现基础金融全覆盖。大力实施“便捷支付应用工程”，完善支付设施建设，优化银行卡受理环境、大力发展电子金融工具，提高惠农支付水平。大力推进“农村信用建设工程”，设立农户综合信用信息中心，建立农户信用信息共享平台，建立普惠金融信用信息体系。加强统计监测，建立涵盖普惠金融可得、使用等方面的统计指标体系。

四是加强领导，出台各项保障措施，确保试点建设取得实效。继续深化已构建的“三方联动”沟通协作机制，建立激励机制，及时总结和反馈试点推进中的成效和问题。积极争取和整合金融政策、财政政策等，协调政府各部门出台促进示范区发展的相关措施，发挥政策合力。

五是防范风险，营造良性金融环境，推动普惠金融可持续发展。坚持防范风险和金融创新并重，做好对创新过程中的风险识别、监测、预警和防范，完善风险监测评估机制、风险处置机制和风险分担机制，建立普惠金融风险缓释基金，坚决预防和打击违法违规金融行为，优化金融生态环境，促进金融稳定，实现普惠金融体系高效运行和可持续发展。

2.4 宜君农村普惠金融具体实践

开展试点以来，试点地区紧紧围绕《陕西省铜川市宜君县农村普惠金融综合示范区试点方案》要求，探索实施三大工程，逐步形成了“金融服务创新＋金融知识扫盲＋便捷基础设施”的农村普惠金融发展的“宜君模式”。

2.4.1 四级联动，三方共建，构建农村普惠金融发展的组织机制

宜君县作为中国人民银行批复的首个县级农村普惠金融试点地区，为推动试点任务落实，纵向上构建了中国人民银行总行、分行、地市中支和宜君县政府“四级联动”机制，横向上搭建了“人民银行＋地方政府＋金融机构”的“三方共建”格局，确保了工作衔接紧密、任务及时落实、组织保障有力。纵向上，中国人民银行西安分行成立了由行领导任组长、12个相关处室和中国人民银行铜川中支为成员的试点工作领导小组，统筹推动试点工作；中国人民银行铜川中支协调市政府成立了由主管金融的副市长任组长的试点工作推进小组，制定年度工作计划并统筹协调试点工作的具体实施，分解落实试点任务；宜君县政府成立了由分管金融副县长任主任的普惠金融工作办公室。横向上，联合发挥人民银行的政策优势、地方政府的组织优势、金融机构的落地实施优

势，加强三方的资源协调和政策整合，形成试点工作最广泛的力量。在“四级联动”机制和“三方共建”格局的推动下，试点地区先后制定出台《铜川市宜君县农村普惠金融综合示范区试点建设实施意见》《铜川市宜君县贫困人群信用修复工作实施方案》《关于印发宜君县推进农村普惠金融综合示范区建设实施方案的通知》等文件，铜川中支与宜君县政府签署了《铜川市宜君县农村普惠金融综合示范区试点建设战略合作协议》，推动了试点任务的有效落实。

2.4.2　多方发力，有效破解农村地区“融资难”

一是通过货币政策工具撬动信贷投放。2016 年 5 月至 2018 年 12 月，人民银行铜川中支向宜君县农村金融机构累计发放扶贫再贷款 2.5 亿元，支持农村金融机构加大对产业脱贫的信贷支持。宜君县产业精准扶贫贷款余额 2538 万元，带动 895 户贫困户参与或发展特色产业；通过抵押补充贷款（PSL），引导金融机构授信 6.27 亿元，发放 3.32 亿元支持宜君县基础设施建设；2018 年，对县级“三农”金融事业部考核达标的农业银行宜君县支行和新增存款一定比例用于当地贷款考核达标的宜君县农村信用联社分别定向降准 2 个百分点和 1 个百分点，释放可贷资金 3500 多万元；2017 年，对新增存款一定比例用于当地贷款考核达标的宜君县农村信用联社定向降准 1 个百分点，释放可贷资金 1300 多万元。

二是发挥市场力量，积极创新信贷保险产品。按照“接地气、服水土”的原则，金融机构推出“苹果贷”“核桃贷”“脱贫贷”“惠农易贷”等 20 多种信贷产品，这些产品核定方便、随用随贷，解决了以往农户贷款不符合农产品周期需求、贷款利率高等问题，满足了地方特色产业发展的资金需求。全国首单苹果“保险＋期货”、铜川市首单玉米“保险＋期货”在宜君相继落地。截至2018年12月末，宜君县人民币各项贷款余额14亿元，较2015年末增长41.41%；余额存贷比为41.31%，较2015年末提高5.96个百分点；宜君县涉农贷款余额8.29亿元，占各项贷款余额的59.21%，较2015年末提高13.65个百分点，新增贷款平均利率较2015年下降2.81个百分点；小微企业、农户申贷获得率均达到95%以上；2016年5月以来累计发放扶贫小额信贷5910.25万元（见表2.1）。

表2.1 宜君县金融主要指标变动情况

指标	2018年末	2015年末	增长
各项贷款（亿元）	14	9.90	41.41%
余额存贷比（%）	41.31	35.35	5.96个百分点
涉农贷款（亿元）	8.29	4.51	83.81%
涉农贷款占比（%）	59.21	45.56	13.65个百分点
新增贷款平均利率（%）	9.2	12.01	–2.81个百分点
小微企业申贷获得率（%）	95.24	90.23	5.01个百分点
农户申贷获得率（%）	98.5	91.29	7.21个百分点

三是探索开展信用修复。设立宜君县农户综合信用信息中心，采集农户基本信息、社保、奖惩等14类非银行信息，使农户拥有“信用身份证”。针对有发展生产意愿和能力且非主观恶意欠款造成失信的贫困户，引导农信社在信贷管理制度中明确对失信贫困户增加评级授信相关条款，通过特殊加分、财政担保等措施帮助失信贫困户达到贷款条件，重新获得贷款、发展生产。截至2018年12月末，已帮助542户存在不良信用记录的贫困户重获信用，

占全县失信贫困户的81%，授信2166万元，发放贷款2007万元，有效助推了当地脱贫摘帽。2015—2018年，宜君县贫困人口由11148人减少到823人，贫困发生率由14.3%下降到0.9%。

2.4.3　推动下沉服务，农村金融服务可得性明显提升

一是大型银行增设县域支行网点。试点以来，宜君县工商银行宜君支行获批筹建，农业发展银行宜君支行顺利揭牌。二是完善基层服务网络。截至2018年12月末，宜君县共建成普惠金融综合服务站①13个，乡镇级覆盖率达到100%；建成普惠金融支付服务点227个，行政村覆盖率达到100%；智能终端设备村级覆盖率达100%，实现了“基础金融不出村、综合金融不出乡镇”。三是针对农产品收售季节特殊支付需求，开通营业时间至晚上10点的“夜间流动银行服务车”，提供存款、转账、开卡等服务。

2.4.4　探索数字普惠，农村金融服务便利性不断改善

实施移动支付便民示范工程。宜君县“智慧公交”项目启动运行，居民通过扫二维码、手机闪付及挥卡支付等方式进行便捷乘车。打造县中学等校企园区“智慧食堂”，玉华宫手机购票自动过闸的“智慧景区”，天然气自助设备扫码支付。开发上线“普惠金融服务平台”，实现金融服务查询、导航、预约、投诉、宣传、管理六大功能，平台用户已达4.3万人。推动涉农金融机构更新

① 普惠金融综合服务站是指集金融、电商、物流、信息采集等功能为一体的金融服务站点，其中金融功能包括金融产品超市（银行类、保险类）、基础金融业务咨询办理、金融知识普及宣传、金融消费权益保护救助。一般设在乡镇和较大的行政村（6个设在行政村）。

升级惠农支付机具，宜君县农村信用联社在“助农 E 终端”上线电商平台应用，实现铜川大樱桃等农产品在“助农 E 终端”电商平台在线销售。积极引导和培育农村居民的电子金融消费习惯，截至 2018 年 12 月末，电子银行客户数较试点前增长 221.38%，移动支付客户数较试点前增长 331.58%。

2.4.5 实施“六个一”工程，农村居民金融素养全面提升

一是围绕“一条主线”，即以增强农户使用金融的意愿和能力为主线；二是实施“一个规划”（金融教育发展规划）；三是建设“一批基地”，采取总分站“1+N”方式，在宜君县政府设立“普惠金融教育培训基地”总站，依托普惠金融支付服务点，建立覆盖全部行政村的“普惠金融教育培训基地”117 个，金融机构以“专人包点定时”的方式面向村组群众开展金融帮教活动；四是编制“一套读本”，根据不同受众群体，编写了干部、农户、学生三个版本的普惠金融知识读本，并配合推进三个层面的培训；五是培养“一支队伍”，以“金惠工程”为依托，组建 300 多人的志愿者队伍，形成基层金融知识宣教的骨干力量；六是开展“一系列活动”，采取“宣传 + 培训 + 体验”的宣教方式，将金融知识渗透到老百姓的日常生活中。通过金融知识的普及教育，广大群众的金融意识和维权意识普遍增强，参与金融活动、运用现代金融工具的能力显著提升。

2.5 宜君农村普惠金融经验一览

宜君县农村普惠金融发展逐渐探索出“金融服务创新 + 金融知识扫盲 + 便捷基础设施”的农村普惠金融“宜君模式”，并在

此基础上，试点地区不断深化调查研究效能，提炼出失信贫困户信用修复机制、金融精准扶贫“四 +”组合拳模式、农村普惠金融综合服务站“五站统建、五员一体”模式、农村普惠金融教育“六个一”模式、数字普惠金融“五项建设”模式、“宜君指数”六大可推广、可复制的经验做法及 22 条具体措施（见表 2.2），并在陕西全省推广。“宜君模式”先后在中国普惠金融国际论坛、全国区域金融改革座谈会等重要会议上交流，得到世界银行的关注并将宜君纳入全球普惠金融倡议项目（FIGI）试点；得到中央深化改革领导小组办公室的充分肯定，并编发参阅件；易纲行长及相关司局负责同志先后多次来铜调研；新华社、中央广播电视总台、金融时报等中央媒体先后来铜采访报道。围绕宜君普惠金融试点实践形成的 12 篇文章（见表 2.3）发表于《金融时报》《西部金融》《当代金融家》等报刊杂志，同时宜君普惠金融工作实践被中央广播电台、陕西新闻联播、华商报、人民日报等主流媒体报道，“宜君模式”的农村普惠金融实践影响面不断扩大。

表2.2　宜君农村普惠金融综合示范区可推广经验一览

序号	项目名称（是什么）	功能或作用（解决什么问题）	操作步骤（怎么做）
1	争取扶贫再贷款	满足金融机构扶贫资金需求，提高贫困地区信贷获得率，降低贫困地区融资成本	一是根据《人民银行扶贫再贷款管理细则》，摸底全辖法人金融机构的资金需求，向上级行申请扶贫再贷款限额，并向合格法人金融机构发放扶贫再贷款，增加扶贫领域的信贷资金供给； 二是对金融机构扶贫再贷款使用情况进行监督管理，确保运用扶贫再贷款发放涉农贷款用于精准扶贫，涉农贷款利率符合要求，有效降低贫困地区的融资成本

续表

序号	项目名称（是什么）	功能或作用（解决什么问题）	操作步骤（怎么做）
2	利用“县域法人金融机构新增存款一定比例用于当地贷款”的激励政策	增加县域法人金融机构的可贷资金规模	依据中国人民银行2010年印发的《关于鼓励县域法人金融机构将新增存款一定比例用于当地贷款的考核办法（试行）》，由调统部门采集审核相关数据，上报总分行，考核达标后，由总行进行降准奖励
3	对扶贫小额信贷进行全额贴息	降低贫困户的贷款成本，减轻负担	一是协调财政、扶贫、金融办等部门制定扶贫小额信贷贴息相关制度，对建档立卡贫困人口的扶贫小额贷款进行全额贴息； 二是金融机构根据扶贫局下发的贫困人口认定信息，对具有生产能力和意愿的建档立卡贫困人口发放扶贫小额贷款； 三是金融机构每季度向县区扶贫局、财政局报送扶贫小额贷款利息发生明细表，经扶贫局和财政局认定通过，由财政局给予全额贴息
4	产业扶贫贷款担保基金	引导金融机构加大对带动贫困户发展生产、就业企业的信贷支持力度	一是2016年，人民银行协调宜君县政府，综合运用人民银行定点扶贫资金和宜君县财政资金，以1：4的出资比例，设立1000万元扶贫产业发展担保基金； 二是宜君联社通过担保基金，向带动贫困户就业、发展生产的企业发放贷款； 三是财政部门对运用产业担保基金获得信贷支持的企业给予贴息
5	小额扶贫贷款风险补偿金	在金融扶贫过程中关注扶贫领域风险，建立健全风险补偿机制，地方政府与金融机构共同承担金融扶贫中的风险	一是在各县区由财政出资设立扶贫小额贷款风险补偿基金； 二是由县区财政局、扶贫局、农信社联社制定印发《扶贫小额贷款风险补偿基金管理办法》，规定按照1：10的比例发放贷款，地方政府和农信社按照7：3的比例共担风险
6	苹果“保险+期货”试点	在原有政策性农业保成本的基础上，为贫困户保障一定收益，扩宽增收致富的渠道	一是紧抓保险助推脱贫攻坚示范区政策机遇，保险公司与期货公司开展合作，由保险公司承担期货费用，由期货公司承担保险费用，免费为贫困户办理苹果价格指数保险； 二是保险公司根据苹果期货变动情况，通过在市场行情不佳时行权或者在市场行情较好时实物交割的方式，为增加贫困户收入提供保障

续表

序号	项目名称 （是什么）	功能或作用 （解决什么问题）	操作步骤 （怎么做）
7	“核桃贷”“苹果贷”等20多种信贷产品及扶贫小额信贷	实现贫困户及带动贫困户企业多样化的融资需求	金融机构根据农业产品种类、生产销售周期、农产品生产交易环节、贫困户居住、消费、生产等各个方面的资金需求，创新开展有针对性的金融产品，确保金融扶贫信贷产品实现精准对接，实现全覆盖
8	“扶贫再贷款+金融+企业+基地+专业合作社+贫困户”	利用扶贫再贷款政策工具的信贷引导作用，鼓励开展多方合作形式，共同帮扶贫困户	一是通过建立企业、种植养殖基地、农民专业合作社、贫困户的合作发展模式，企业帮助基地发展，基地带动专业合作社发展，专业合作社帮扶贫困户发展，强化了各方的利益联结机制，发挥产业扶贫的带动作用； 二是金融机构通过运用扶贫再贷款政策工具，可以对带动贫困户就业、发展生产企业、种植养殖基地、农民专业合作社发放金融扶贫贷款，满足其发展所需的信贷资金
9	“扶贫再贷款+金融+新型农业经营主体+贫困户”	利用扶贫再贷款政策工具的信贷引导作用，重点开展产业扶贫脱贫，帮助贫困户发展生产，实现增收的可持续性	一是人民银行向合格法人金融机构发放扶贫再贷款，引导信贷资源向产业扶贫倾斜； 二是新型农业经营主体通过提供就业、收购农产品、技术培训等措施与贫困户建立合作关系； 三是法人金融机构通过产业扶贫担保基金，向与贫困户建立了合作关系的新型农业经营主体发放贷款
10	“金融+易地扶贫搬迁+贫困户”	满足贫困地区基础设施建设中的资金需求	引导省国家开发银行和省农业发展银行等政策性银行运用抵押补充贷款工具，对贫困地区的易地扶贫搬迁项目给予信贷支持，积极改善贫困户居住条件
11	县级农户综合信用信息中心	建立农村信用信息平台，整合农户信用信息，推动农村信用体系建设	搭建农户综合信用信息数据库，协调公安、财税、农业等部门，由相关部门按照固定模板共享相关行业信息，上传数据库，整合农户非银行信息，系统自动生成评级结果，引导金融机构根据农户综合信用评级结果实施差别化信贷措施，为信用状况良好且有发展生产意愿和能力的农户提供信用支撑

续表

序号	项目名称（是什么）	功能或作用（解决什么问题）	操作步骤（怎么做）
12	失信贫困户信用修复	解决具有生产意愿和能力的贫困户因不良信用记录无法享受金融扶贫政策的问题	针对有发展生产意愿和能力的失信贫困户，构建农村信用普惠及失信贫困户信用修复机制，对已还清欠款的贫困户，但仍在不良信用信息保留期限内，由金融机构直接发放贷款；对暂时无法归还欠款的贫困户，通过政府担保补偿基金、过桥基金等增资增信，实行财政担保，由金融机构发放贷款
13	农村普惠金融综合服务站	进一步拓展和完善金融服务站点的功能，为农户提供全方位、一站式的综合服务，探索形成金融服务站点的商业可持续运作发展	在乡镇及较大的行政村，按照“五站统建、五员一体”的总体思路，建设集农村金融服务站、农村电商服务站、农村商超服务站、农村物流服务站、信息采集服务站为一体，集金融服务员、网络推销员、产品销售员、物流配送员、信息采集员为一人的普惠金融综合服务站。由县政府主导，选址装修，设计统一门头标识，建成后，开通银行保险业务功能，与电商、物流企业合作，配套电商物流功能，服务站的建设运营和人员招录由政府统一负责，对工作人员给予基本工资保障，加上代办费用收入，确保了站点的可持续发展
14	普惠金融教育培训基地	为金融宣传教育提供固定场所，构建点面结合的金融宣传教育站点布局，健全金融知识普及教育长效机制，推动金融教育培训工作的常态化开展	“一批基地”就是采取“1+N”的方式，在县政府设立农村普惠金融教育培训基地“总站”，不定期对乡镇干部及金融服务站工作人员进行集中授课培训，依托金融服务站，在各个行政村设立“分站”，协调金融机构以“专人包点定时”的方式面向村组群众开展金融帮教活动，辐射带动农户金融素养提升
15	宜君指数	为全面、客观反映农村普惠金融试点工作进展情况，实现实时监测、动态把握	从金融服务、金融教育、基础设施、经济发展四个维度，选取34项指标评估指标体系，采取层次分析法对指标赋值，计算各指标权重，得出一个具体数值，称为“宜君指数”。按年度计算出当季指数，形成对试点工作推进情况的连续性指数分析。及时监测工作进度，不断改进完善工作措施，确保实现预期效果

续表

序号	项目名称 （是什么）	功能或作用 （解决什么问题）	操作步骤 （怎么做）
16	普惠金融服务平台	推动“互联网+金融服务”，有效降低金融服务门槛，扩大金融服务的范围和覆盖面，与银行网点、普惠金融支付服务点形成错位发展、空位互补。该平台实现了铜川市所有银行网点、普惠金融支付服务点及征信查询点的查询导航、企业开销户业务指南、企业开户流程追溯等各项金融服务功能。便于用户获得便捷的金融服务，及时掌握辖内外最新金融动态，获取各类金融惠民活动信息，了解实用的金融常识与政策。同时，人民银行与金融机构可借助服务平台实现对银行网点、普惠金融支付服务点等的非现场管理，达到支付结算管理水平和效率的双提升	第一步：做好定位，开展研发。以建成具有简单便捷的操作方式、详细准确的服务点信息、简洁明了的业务操作指南、切实有效的预约投诉管理、及时全面的金融知识与动态以及惠民活动信息推送等便民功能为目的，将研发需求提交科技外包公司进行系统研发。 第二步：租用电信运营商云服务器，注册“铜川市普惠金融服务平台”域名，申请域名、ICP备案等，完成服务平台上线运行。 第三步：为辖区金融机构开设用户，由其对所辖银行网点及普惠金融支付服务点信息进行录入并维护。 第四步：功能拓展，升级平台。结合工作实际需求，逐步优化平台、完善功能，增加企业开销户业务指南、企业开户流程追溯、征信点查询及信息统计分析等各项功能。 第五步：开展服务平台日常运行维护工作
17	银行流动服务车	解决距银行网点5千米以外，且村庄地处偏远、人口稀少、居住分散地区的农户金融需求问题	由农信社成立服务队，配备专车、移动E终端，具备取现、转账汇款、生活缴费功能，每月定期进村服务，同时在农忙、开学季等资金需求和汇款需求旺季提供预约上门服务，根据需求服务时间可延长至晚间10点
18	助农E终端	POS机的升级版，具备存取款、转账，话费、水电费、社保缴纳，电商购物等功能，信号性能更强，业务处理效率更高	由省联社统一开发，县级法人根据需求直接与厂家联系购置，无须提供申请资料。在前期推广过程中，依据2014年11月省财政厅、省金融办、人民银行西安分行、陕西银联联合印发《陕西省改善农村地区支付环境提升金融支付服务的补助实施方案》，对新布放的ATM和POS机分别给予5000元和300元的一次性奖励

续表

序号	项目名称（是什么）	功能或作用（解决什么问题）	操作步骤（怎么做）
19	推进“互联网+现代农业”	为农产品的网络销售搭建平台，提供更加便捷的金融服务	一是为新型农业经营主体提供个性化的金融服务，为其降低成本、节省时间，提高资金运转效率； 二是对全市普惠金融支付服务点、金融服务站的机具设备升级加载电子商务功能，每个助农E终端均可实现农产品图片信息上传、创建网上店铺、开通网络销售渠道功能，开通后在全省范围内的助农E终端同步上线销售，同时在相关电商服务平台实现同步链接销售

表2.3　相关成果发表情况

标题	刊物名称	时间
农村普惠金融的“宜君模式”	《当代金融家》	2019.12.02
创新普惠金融支付工作	《金融时报》	2018.7.16
贫困地区普惠金融评估指标体系探究	《金融时报》	2018.4.23
可持续路径下农村普惠金融综合服务站建设实践与思考	《金融时报》	2018.3.19
失信贫困户信用重建路径	《金融时报》	2017.10.16
推进普惠金融职能向县域延伸	《金融时报》	2017.7.17
新兴电子支付支持扶贫开发探究	《金融时报》	2017.3.6
推进农村普惠金融综合示范区试点工作探析	《金融时报》	2016.8.15
欠发达地区供给侧改革中的信贷支持	《金融时报》	2016.5.16
金融支持贫困地区扶贫开发的路径	《金融时报》	2016.4.11
对脱贫攻坚进程中“金惠工程”精准施教的思考	《金融时报》	2016.3.14

第3章　失信贫困户信用修复机制

宜君县农村普惠金融实践全面探索构建了“人行主导、政府搭台、机构参与”的信用修复工作机制和“货币政策引导、信贷政策发力、财政政策补充”的信用修复运行机制。截至2018年末，累计为542户失信贫困户开展信用修复，占宜君县失信贫困户的81%，实际发放贷款2007万元。

3.1　失信贫困户信用修复机制概念

失信贫困户信用修复是指针对非因主观恶意造成征信记录不良、有生产经营能力和脱贫致富意愿的贫困户（以下简称失信贫困户），在现有法律法规框架体系下，通过综合施策使其再次获得贷款，用于发展生产、脱贫致富，从而结清欠款，重塑信用。

3.2　失信贫困户信用修复机制实施背景

3.2.1　宜君县失信贫困户的基本情况

普惠金融是能够有效、全方位地为社会所有阶层和群体提供服务的金融体系，主要任务是让小微企业及贫困人群能及时有效地获取价格合理、便捷安全的金融服务。宜君农村普惠金融批复方案中明确指出“建立普惠金融信用信息体系，加快推进农村信用工程建设，探索开展贫困户、低信用等级群体等的信用救济和信用修复”。宜君县作为国家扶贫开发工作重点县、革命老区县，同时也是人民银行定点扶贫县，贫困发生率较高，有生产能力和致富愿望，却因失信受到约束无法获得信贷支持的贫困户占有一定比例。截至2017年末，宜君县共有贫困户1598户，3717人，贫困发生率为5.4%，高出全国贫困发生率2.3个百分点。其中，671户存在不良信用记录，占该县贫困户的42%，共涉及违约贷款余额1716万元，欠息342万元。

表3.1　2017年宜君县失信户统计

贫困户（户）	贫困人口（人）	建档立卡失信贫困户（户）	失信贫困户违约贷款余额（万元）	失信贫困户违约贷款利息（万元）
1598	3717	671	3271	342

3.2.2　宜君县失信贫困户的失信原因

前期通过调查问卷、走访调研、查阅金融机构的信贷系统，对全县671户失信贫困户的失信原因进行梳理总结，发现大致可以分为以下两类。

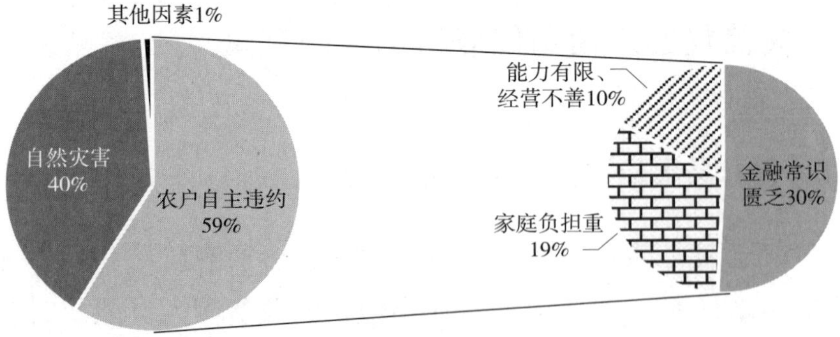

图3.1　宜君县失信贫困户失信原因分析

一是自然灾害频繁。由于宜君县多雷雨、风雹和霜冻天气，加之玉米粘虫等自然灾害，全县核桃、苹果及粮食作物受灾，灾情较为严重，部分贫困户因自然灾害导致的农作物绝收，从而无法偿还金融机构贷款，造成信用不良。宜君县因为自然灾害导致的失信贫困户有 269 户，占失信贫困户的 40.09%。

二是农户自主违约。农户的自主违约情况基本可以分为三类：其一，家庭负担重（子女上学、残疾、重大疾病等情况）无力偿还贷款；其二，能力有限、经营不善（因缺乏金融知识或其他专业技术知识导致贷款无法得到有效使用，在发展生产的过程中资金链断裂）无力偿还贷款；其三，金融常识匮乏（金融素质差，对扶贫再贷款或信用贷款政策理解不到位，误以为这些贷款类似国家救济金，无须归还）未能自主偿还贷款，导致个人信用不良。

3.3 国外信用修复实践经验

信用修复的主要内涵在国内外没有本质上的差别，但由于各国国情和立法环境的不同，决定了国际信用修复主要有两种模式：一种是以美国信用修复机制为代表的美国模式；另一种以英国等欧洲国家信用修复机制为代表的欧洲模式。

3.3.1 美国信用修复机制

以美国为代表的经济主体在信用修复方面特点非常明显，即“三依靠”。

一是依靠现有法律法规，确保实施环境。美国的信用管理机构颁布了如《公平信用报告法》（*Fair Credit Reporting Act*）、《公平准确的信用交易法案》（*Fair and Accurate Credit Transactions Act*）

等多达 17 项专门的法律法规；针对信用修复，美国还有专门的法律保障，如《信用修复机构法》（*Credit Repair Organizations Act*），该法规对规范信用修复机构的行为提供了法律依据。二是依靠第三方（信用修复、修复中心）机构，为失信信息主体信用重塑创造机会和条件。在美国，有 1100 多家信用修复机构，其主要功能除了为信息主体提供咨询和建议服务（如债务清理、账务重组、理财建议等）外，更重要的是帮助失信主体修复、修复个人信用，包括协助失信主体对某些有异议的不良信用记录进行申诉，从而减少负面记录对失信主体造成的影响。信用修复机构还提供个人信用报告解读服务，通过对信用报告的专业分析，筛选出造成信息主体不良信用记录的主要因素，形成重要因素清单（risk factors list），明确信息主体须重点关注和修复的内容，帮助信息主体顺利完成信用重塑并有效避免今后的失信状况。三是依靠公共监督力量，为信用修复的顺利开展营造良好的社会环境。美国的信用体系监管主要是由联邦贸易委员会（FTC）负责。此外，还存在一些民间监管协会（如信用管理协会、收账协会、信用报告协会等）。这些民间监管协会大多采取信用行业自律监管模式。对信用修复，联邦贸易委员会（FTC）有严格的规定，包括相关法律法规的出台、信用修复中心（机构）的设立等，同时 FTC 对信用数据采集、信用评分的过程、信用报告的制作及使用范围、个人隐私的保护等内容也提出了明确的要求。

此外，美国对“信用犯罪”的打击力度极大。在美国，信用犯罪的犯罪成本是很高的。如美国《信用修复机构法》就严格规定：“严禁任何信用修复机构对消费者的信用记录作出虚假的或者误导性的陈述，并禁止参与任何欺骗性活动。”违反《信用修复机构法》的机构将承担民事责任，赔偿金包括消费者遭受的任何实际损失，或相当于信用修复机构收取的费用、惩罚性赔偿以及律师费。总体来讲，在美国的信用修复机制中，各利益相关体的角色分工和职责划分都较为明确，这也为美国较为完善的信用修复机制奠定了基础。

3.3.2　英国信用修复机制

欧洲征信体系发展时间漫长（近百年），理论体系较为完整、科学、合理。目前世界上公认的三大征信体系——复合征信系统、私营征信系统和公共征信系统，在欧洲各国均能找到原型，其做法经验也值得借鉴。以英国为代表的欧洲经济主体在信用修复机制中主要进行了三方面的工作。

一是成立监督机构，完善工作机制。英国设立了专门的信用修复监督机构——信息专员署、信息法庭、破产服务局。其中，信息专员署是独立的公共机构，主要负责受理个人信息业务投诉。二是成立信用修复中心，着重对失信群体的信用修复和重塑。类似于美国的信用修复机构，英国的信用修复中心也是通过向失信群体提供咨询、建议，信用修复，异议申请等综合性信用信息服务，主要包括：免费解读个人信用信息报告，对报告中的不良信息进行分类识别，对信息主体有异议的负面信息进行归纳整理，并协助信息主体提交异议申请，帮助其修复失信记录；根据个人信用报告，并结合信息主体自身实际，得出信息主体信用信息的综合性评分数值，对信息主体有潜在失信风向的领域进行提醒、告诫，为信息主体策划解决方案，引导其信用记录向良好方向发展。三是履行公共监督职能，着重保护信息主体权益。信息专员署除了负责受理信息主体的日常投诉外，还可根据实际对拒绝承担义务者实施法律制裁（如对相关机构进行调查并提出警告），从而实施有效监管，保护信息主体权益。一般而言，信息专员署会在以下两种情况下对相关机构进行调查并提出警告：信息主体提出异议申请，要求修改信用报告中的错误信息，超过 28 天未处理或处理不当的征信机构；在信息专员署提出更改通知后，仍未更改或不愿更改的征信机构。

3.3.3 韩国信用修复机制

类似美国和欧洲国家，韩国对市场经济中的失信行为也力争做到“零容忍”。在韩国，3 次逾期还款就视为信用不良。失信群体将丧失一系列经济活动权利，如 5 年内不得从任何金融机构获得贷款、信用卡被冻结使用、个人签证受限等，甚至还会影响到失信者的养老、退休、保险和房租保障金，以上资金或将冻结。相应地，韩国对信用修复工作也相当重视。自 2002 年起，韩国就逐步采取一系列措施修复失信人群信用。

一是设立援助委员会，协助解决失信群体的债务危机。该援助委员会是一个由韩国政府成立的、专门针对失信人群设立的、独立于其他委员会的政府组织。主要负责协助失信群体解决其债务危机，如为失信群体清理、重组债务；减免部分债务；延长还款期限；调整还款利率等。目前，该委员会多设立在韩国主要城市。二是由法院主导，出台个人信用修复措施。韩国将失信人群大致分为将来有偿还能力和将来无偿还能力两类人群，针对这两类人群，韩国法院采取不同措施进行信用修复。对于前者，法院将直接执行分期付款，该失信群体不必申请个人破产；对于后者，该失信群体申请个人破产后，法院将量情处理（一般为简化个人破产流程）。三是加大宣教力度，倡导健康的消费观。韩国政府特别重视对消费观和诚信教育的宣传教育，尤其是针对韩国的年轻消费者。韩国政府加大对他们的宣教、引导，使其努力工作，尽早恢复个人信用。

3.4　国内信用修复实践经验

相比于国外的个人信用修复机制，我国个人信用修复是在法律法规的支撑下，为信息主体提供一个可修复自身信用记录的机会与途径，以失信人群的失信原因为切入点，并以此为基础提出相应的解决策略。目前，我国的个人信用修复工作主要包括以下三方面的内容。

3.4.1　个人信用自动更新机制

《征信业管理条例》明确规定，征信机构对个人不良信息的保存期限，自不良行为或时间终止之日起为 5 年；超过 5 年的，应当删除。根据该管理条例，只要在 5 年内保持良好的信用行为（无违约现象），5 年后，在个人信用信息基础数据库存在的个人信用不良记录就会被自动覆盖、更新，个人信用报告不再展示超过 5 年的逾期信息，信息主体获得了修复信用的机会。保存期限在国际上也有不同规定: 英国规定保留 6 年; 韩国规定保留 5 年; 我国香港地区规定个人破产信息保留 7 年，败诉信息则为 8 年 。

3.4.2　异议申请机制

根据《个人信用信息基础数据库异议处理规程》，信息主体对信用报告中的内容持有异议态度，认为存在信息遗漏、错误的，可以亲自或委托代理人向征信中心或征信中心分中心提出异议申请，要求征信中心与数据报送机构核查记录的真实性和准确性。

如发现信息确实存在错误，数据报送机构应立即纠正、重新上报。信息主体就获得了个人信用修复机会。

3.4.3 信息主体的自助解释机制

个人信用报告中设置了“本人声明”信息段，一般是信息主体对异议受理回复有不同意见，或认为存在需要进一步说明的特殊情况时，向征信中心提交的100字以内的个人声明。个人声明为非主观恶意违约的信息主体提供了一定的解释空间，供信用报告的阅读者更加客观地分析判断其信用水平。

3.5 国内外信用修复实践对比

3.5.1 法律法规

我国现行的有关征信、信用的法律法规仅有《征信业管理条例》《个人信用信息基础数据库管理暂行办法》等，针对信用破产、信用修复等重要内容，尚未出台专门的法律法规或保障办法；针对个人异议申请，虽有《个人信用信息基础数据库异议处理规程》，但自2005年出台后也没有再更新或进行相应的补充说明。从国际经验来看，大部分国家围绕信用都出台了不止一项法律法规；针对信用修复又推出了专门的保障办法。如此完善的法律法规体系为信用修复工作提供了强大的理论支持，创造了良好的外部环境，使信用修复工作有法可依、有章可循。

3.5.2 异议处理

从异议处理来看，我国现行的处理流程主要依靠《个人信用信息基础数据库异议处理规程》，该流程对异议处理的申请、操作等方面内容均有相关规定，但在实际操作中依然存在异议处理申请渠道单一、耗时长、效率低、客户满意度不高等问题；此外，该流程对异议申请未能及时处理的机构并未作出后续说明或处罚规定；对信息主体提出异议申请后，如何进行个人信用修复也没有明确说明。而国际上，对异议处理都有明确的法律保障和职责分工，对逾期未处理或处理不当的金融机构，当局可采取调查、警告甚至行政处罚手段，从而规范金融机构行为，提高异议处理效率，有效缓解信息主体不满情绪，为信息主体修复个人信用提供机会。

3.5.3　信用修复机构

我国目前还未设立针对失信人群的信用修复的机构，在此方面的法律监管也是空白。而国际上，大部分欧美国家和亚洲国家，均设立了信用修复（官方或非官方）机构。这些机构主要有以下特点：第一，官方的信用修复机构着重对失信人群的权益保护，包括对异议申请逾期处理的征信机构进行警告和处罚；对失信群体进行债务减免、延期还款或还款利息调整等。第二，非官方的信用修复机构着重对失信人群的引导，协助他们修复已破坏的个人信用，包括对失信人群的债务危机进行分析，设计重组、清理债务的方案；甄别出造成失信人群信用不良的关键因素，形成“关键性报告”或综合评分，对信息主体进行指导和信用修复，引导他们恢复到健康的信用状态。第三，官方的和非官方的信用修复机构都会对信息主体的信用报告进行专业性的解读，并协助信息主体对错误的信用信息进行异议申请。第四，官方的和非官方的信用修复机构均受到专门的法律法规的制约，并对相关的管委会或其他监管机构负责。

3.5.4 公共监管

目前，我国处在转型发展的关键时期，个人信用方面的公共监管体系还不完善（主要是人民银行征信中心根据《征信业管理条例》进行有效监管），其他国家机关和央行征信中心之间的联合监管机制（如联合奖惩机制）也处在初步发展阶段。而国际上大部分国家，采取协会（委员会）自律监管模式，围绕个人信用形成了一整套监管机制，主要包括信用信息数据的报送、信息真实性识别、信用报告的形成、异议处理、信用修复、个人隐私保护等。

3.6 宜君农村普惠金融信用修复机制实践探索

3.6.1 宜君县失信贫困户信用修复实施路径

人民银行铜川中支在总行、西安分行的重视支持下，因地制宜、开拓创新，全面探索构建了“人行主导、政府搭台、机构参与”的信用修复工作机制和“货币政策引导、信贷政策发力、财政政策补充”的信用修复运行机制。

（一）政府搭台

打破部门之间信息壁垒，全社会共同参与的农户信息大集成局面全面形成。成立铜川市农村信用体系建设领导小组，推动市政府印发《关于推进农村信用体系建设的实施意见》等系列文件；试点在宜君县政府设立“农户信用信息综合中心”，明确由人社、住建、民政、扶贫等 14 个部门提供涵盖农户基本情况、家庭财产、奖惩情况等14类非银行信用信息，形成农户综合信用信息大集成，为信用修复提供较为全面、细致的综合信息参考；宜君县政府设立各项担保基金1620万元，县财政对贫困户贷款全额贴息，实现小麦、玉米农业政策性保险全覆盖，推广由政府全额补贴贫困户的“扶贫保”“政银企户保”等，为贫困群体发展生产、增收致富提供风险保障和融资增信支持。

（二）人行主导

深化征信工作的意义和内涵，政策引导加速失信贫困户信用修复模式淬炼形成。印发《铜川市宜君县贫困人群信用修复工作实施方案》，明确信用修复内容和目标，即针对有发展生产意愿和能力且非主观恶意欠款造成失信的贫困户，对有征信不良记录但欠款已还清的贫困户，运用扶贫再贷款等货币政策工具，引导金融机构重塑信贷流程，在坚持市场化原则的基础上加大履行社会责任，在信贷支持上给予贫困户倾斜；针对有征信不良记录且贷款无法归还的贫困户，由地方财政出资建立扶贫贷款担保基金，为金融机构发放贷款提供担保，帮助贫困户发展生产早日归还欠款重获信用。同时，上线运行农户综合信用信息系统，通过模型量化分析生成农户信用等级，为每一位农户新增一个“信用身份证”，筛选确定失信贫困户名单，为金融机构精准对接失信贫困户信贷需求，提供全面、细致的综合信息参考。增强货币政策工具的引导和效能扩大作用，累计为宜君联社发放扶贫再贷款2.5亿元，定向降准1个百分点，释放可贷资金1400多万元。

（三）机构参与

突破传统信贷运行机制，市场化信用修复模式落地生根。作为市场主体，金融机构结合实际重塑信贷流程，出台专门的评级授信管理办法，通过重新划分评级授信指标、给予特殊加分等措施，在贷款条件、程序等方面进行政策突破和倾斜。比如宜君联社印发《信用工程建设工作实施方案》，提出采取额外加分的措施，帮助失信贫困户通过授信审核标准，再次获得信贷资金发展生产；按照“一次核定、随用随贷、余额控制、周转使用、利率优惠”的原则，创新打造“富农宝”“一卡通”等20余种信贷产品，发放扶贫小额信用贷款，失信贫困户申贷获得率达到100%；高度关注失信贫困户信贷资金风险，紧紧围绕县政府为贫困户确定的产业发展政策确定贷款用途，建立事前审批、事中管理、事后监管的全流程风险管控机制，防范贷款再次形成不良；设立普惠金融标准化网点，建立“一站式”绿色信贷通道，使修复后的贫困户在3个工作日内获得贷款。

3.6.2 案例分析①

（一）案例描述

案例背景一：强××，男，系宜君县×镇×村贫困户。早先主要在外跑运输拉货，2011年3月26日不幸因车祸致残，家庭收入只能依赖于妻子经营农业。近年来，由于遭受冰雹雨雪天气，农作物几近绝收，2012年的2.8万元借款在2016年到期后无力偿还，形成不良记录。后经A信用社工作人员与村干部充分沟通后，得到县联社准允，于2016年8月29日帮助强××申请扶贫小额信用贷款5万元，发展养鸡产业，购买鸡苗500余只，并帮助其销售鸡蛋，大力扶持最终使其走上致富道路。

案例背景二：柯××，男，系×镇×村贫困户。现年60岁，丧偶，家有3口人，弟弟现年56岁，未婚，女儿现年18岁，在

① 本书相关案例分析均为编写组调研整理。

咸阳某高校上高级护理专业。妻子2012年去世，当时因为家庭困难，在B信用社贷款2万元，此笔贷款于2015年到期后一直未归还，形成信用不良记录。金融精准扶贫政策出台后，该贫困户主动找到县信用社申请发放扶贫贴息贷款发展生产，县信用社给其发放了“一卡通”小额扶贫贴息贷款5万元。

案例背景三：刘××，男，系×乡×村村民。曾于2013年11月13日在B信用社贷款3万元，2014年11月12日到期。刘××是2016年建档立卡贫困户，误以为该笔贷款是政府发的“福利贷款”，无须偿还，常年在外打工。其父又以其年老、无力归还为由，拒不还款。后通过入户宣传，相关扶贫政策和金融知识，贷款人了解到这些贷款不是国家救济金，需要归还，于是刘××返乡还款，并经过信用修复再次办理了助农贴息贷款。刘××承诺，由于扶贫贴息贷款已经在一定程度上减轻了家庭负担，到期后一定归还贷款。

（二）案例分析

三人失信原因不同。根据案例描述，强××属于农户因恶劣天气原因而违约导致的失信；柯××属于农户因家庭发生重大变故致使家庭负担加重、无力偿还贷款而违约导致的失信；刘××属于金融常识匮乏、金融素养差，对扶贫再贷款政策理解错误而违约导致的失信。虽然柯××、刘××是由于农户自身原因造成的失信，但不属于贷款人主观恶意造成。宜君县联社及三人所在村村委会的农户基本信息记录显示，三位贷款人均在本村所在地口碑良好、品德优秀，具有致富脱贫意愿和较强还款意愿。

从宏观层面看，根据《中国人民银行办公厅关于开展陕西省铜川市宜君县农村普惠金融综合示范区试点的批复》《关于深入推进中小微企业和农村信用体系建设工作的通知》等文件，铜川中支制定了《铜川市宜君县贫困人群信用修复工作实施方案》（铜普惠金融办〔2017〕3号），该方案明确了信用修复内容和目标。强××、柯××、刘××皆属于信用修复工程精准对接对象，宏观政策要求对此类失信贫困户进行信用救济。

从微观实际看，实施了正向激励的信用救助措施。宜君县农村信用联社制定印发了《宜君县农村信用合作社农户建档评级授信工作实施方案》，基于农户家庭财务状况、农户基本情况、道德品质等19项指标计算农户信用评分，根据综合得分确定农户信用等级，分为优秀、良好、较好、等外四个档次，等外级农户不予授信。其中，对建档立卡贫困户设置加分项，属于建档立卡贫困户且有创业项目及创业意愿的最高加15分。

强××的信贷档案评分如下：个人基本情况15分（年龄2分、健康状况2分、文化程度1分、经营年限3分、住房性质2分、婚姻状况3分、家庭劳力2分）、道德品质18分（遵纪守法3分、家庭和睦3分、无涉诉讼法院执行情况2分、无民间债务及民间不良2分、个人信用记录8分）、家庭财务状况21.5分（家庭年净收入7.5分、家庭净资产2分、家庭负债率5分、支出收入比率4分、家庭资产可变现金额3分）、本行（社）合作情况1分（电子银行业务1分）、加分项15分（属于建档立卡贫困户加15分），合计70.5分，已符合农信社申贷资格。故A信用社2016年8月为其发放扶贫小额信用贷款5万元，助其购买鸡苗500余只，发展生产。

柯××的信贷档案其评分如下：个人基本情况12分（年龄1分、健康状况2分、文化程度1分、经营年限3分、住房性质2分、婚姻状况1分、家庭劳力2分）、道德品质18分（遵纪守法3分、家庭和睦3分、无涉诉讼法院执行情况2分、无民间债务及民间不良 2 分、个人信用记录 8 分）、家庭财务状况 24.5 分（家庭年净收入 7.5 分、家庭净资产 5 分、家庭负债率 6 分、支出收入比率 5 分、家庭资产可变现金额 1 分）、本行（社）合作情况 1 分（电子银行业务 1 分）、加分项 15 分（属于建档立卡贫困户加 15 分），合计 70.5 分。已符合农信社申贷资格。故 2016 年 11 月 B 信用社为其发放了“一卡通”小额扶贫贴息贷款 5 万元。

刘 ×× 的信贷档案评分如下：个人基本情况 14 分（年龄 1 分、健康状况 2 分、文化程度 1 分、经营年限 3 分、住房性质 2 分、婚姻状况 3 分、家庭劳力 2 分）、道德品质 15 分（遵纪守法 3 分、家庭和睦 3 分、无涉诉讼法院执行情况 2 分、无民间债务及民间不良 2 分、个人信用记录 5 分）、家庭财务状况 19 分（家庭年净收入 10 分、家庭净资产 2 分、家庭负债率 1 分、支出收入比率 5 分、家庭资产可变现金额 1 分）、本行（社）合作情况 3 分（电子银行业务 3 分）、加分项 15 分（属于建档立卡贫困户加 15 分），合计 66 分，已符合农信社申贷资格。故 B 信用社对其授予了 4 万元贷款额度。

表3.2　信用修复失信贫困户典型案例对比分析结果

对比分析		强××	柯××	刘××
不同	失信原因	自然灾害	家庭负担重、无力偿还	金融常识匮乏、金融素养差
	微观结果	发放扶贫小额信用贷款5万元	发放小额扶贫贴息贷款5万元	授信4万元贷款额度
相同		皆属于信用修复工程精准对接对象，宏观政策要求对此类失信贫困户进行信用救济		

综上所述，三个案例都在宏观政策、微观实际上显示出信用修复对失信贫困户的影响。上述三个案例的贷款主体皆有强烈的脱贫意愿和较强的还款意愿，属于宏观层面上信用修复工程精准

对接对象；从微观上看，宜君县农村信用合作社针对此类贷款对象，再次精细划分了信用等级，并针对建档立卡贫困户设置15分的加分项，极大提升了失信贫困户申贷获得率。通过抽样调查50户贫困户贷款，发现43户享受到15分的信用救助措施，达到了贷款条件，获得了机会均等的金融服务。

3.6.3 信用修复实施成效

（一）实施效果

（1）被释放信用不良的失信贫困户贷款良好

全县671户失信贫困户中，被释放信用不良的共有542户。其中，贷款主要用于经营性周转的有116户，主要用于发展特色农业的有127户，主要用于发展养殖业的有107户，主要用于发展种植业的有192户。各贷款用途具体占比如图3.2所示。

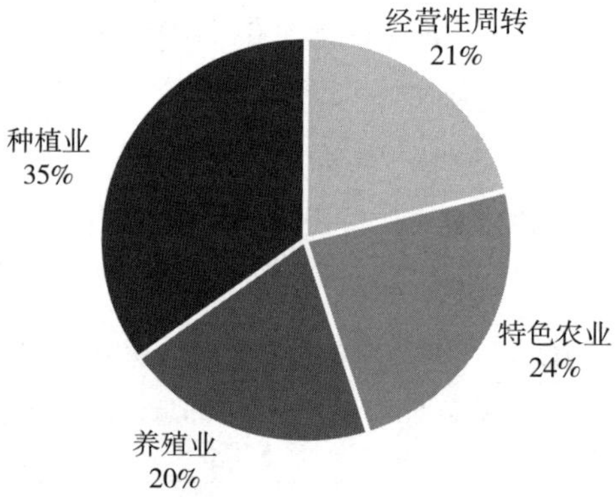

图3.2 宜君县信用修复贫困户贷款去向

贷款用途的分布反映出，被释放信用不良的失信贫困户的贷款主要用于发展产业，大部分失信贫困户在未来具有一定的还款能力。

（2）农户信用信息综合评级系统的上线运营消除了金融机构同失信农户之间信息不对称的问题

在获得失信贫困户较为全面、细致的综合信息参考后，金融机构可以精准对接失信贫困户信贷需求，根据实际确定贷款投放数额，做到区别对待、精确管理。

（3）金融机构资金的安全性和流动性得到了保障

一方面，通过政府的诚信宣传教育与人民银行的金融知识普及，失信农户因诚信意识不足造成再次违约的概率大大降低；另一方面，由于政府牵头设立的担保基金与风险补偿基金的存在，即使农户因某些不可抗力因素不能偿还贷款，金融机构依然能够得到一定的补偿。

（4）通过支持失信农户信用修复，金融机构获得了较大的隐性收益

其一，通过全力支持失信农户信用修复工作，金融机构同政府和人民银行的关系进一步改善，其对政策法规的理解能力也进一步增强，这在某种程度上降低了经营的政策风险；其二，在支持失信农户信用修复的过程中，金融机构梳理了自身工作流程，不断进行观念创新和产品创新，大大提高了自身管理水平和工作效率；其三，通过支持失信农户进行信用修复，金融机构无形中向农户展示了自身的雄厚实力和良好形象，事实上扩大了其在当地的知名度和影响力。

（二）实践思考

（1）加快农村产业结构调整，促进农民收入稳步增长

失信农户信用修复的关键在于通过行政和市场等多种手段，改变贫困地区存在的产业结构较单一、农产品品种有限等问题，拓宽农民收入渠道，增强贫困户偿债能力。因此，应当进一步调

整农村产业结构，在稳定传统第一产业的基础上，探索和发展第二、第三产业，切实促进农村产业融合发展，提高农民收入。

政府应当加强对贫困地区的实地调研，根据当地特有资源条件，分层次、分类型规划培植特色产业；加强对农民和基层工作人员的引导，注重不同区域产业的配套设计，避免重复建设、重复生产；应当营造健康的市场环境，通过市场合理配置各类资源，降低农村产业发展所面临的自然风险和市场风险。

此外，人民银行应继续发展普惠金融服务，引导金融机构优化网点布局，为农民提供更优质、更便捷的基础金融服务；要合理制定扶贫信贷政策，运用好各项货币政策工具，加大对农村产业发展的信贷支持；要鼓励开展农机融资租赁、农业保险等方式，切实减轻农民从事生产的成本负担。

（2）完善扶贫贷后管理机制，切实减轻金融机构负担

针对失信贫困户信用修复问题，宜君已经形成了一套行之有效的信用修复工作机制。但该机制更多地强调贷前管理，扶贫贷款放出后，其管理工作基本由金融机构承担，地方政府、人民银行等对贷款情况了解也过度依赖金融机构，这大大增加了金融机构的经营压力，降低了信息的传递效率。

因此，通过行政手段完善贷后管理机制、减轻金融机构负担是必要的。要充分发挥地方政府在个人诚信体系建设中的主导作用，协调有关部门共享贫困户建档立卡信息，牵头深入基层进行农户综合信用信息数据库的数据采集，尽快实现信息互联互通，最大程度地提高贫困户信用信息的准确性和时效性；要制定针对失信贫困人群的法律法规，明确信用修复定义和信用修复的使用范畴，完善信用评级机制，针对贫困户的不同情况作出具体区分，避免出现“一刀切”的情况；要探索实行差异化考核标准和机制，

对精准扶贫贷款的不良率进行单独考核，适当地提高贫困地区不良贷款特别是精准扶贫贷款的不良率容忍度。

（3）信用修复必须重视金融知识宣教和诚信教育宣传，营造守信、用信的良好金融生态环境

失信贫困户信用修复在农村信用体系框架之下，大力营造“守信者荣、失信者耻、无信者忧”的金融生态环境尤为重要。政府相关部门可以向有发展生产意愿但缺少创业发展知识、缺少致富脱贫技术手段的贫困群体提供产业常识、创业知识、技术技能等方面的培训，丰富贫困户脱贫致富方式；也可邀请本地或外地一些通过信用修复改变自身贫困命运的优秀代表开展“先富带后富”“大户带小户”“龙头带农户”等专题讲座，激发失信贫困户信用修复、脱贫致富的积极性。另外，当地人民银行应加大对金融机构的引导，依托金融机构网点多、分布广的优势，结合“3·5”“3·15”“6·14”等特殊时间节点，集中开展征信、信用的专项宣传，营造诚实守信的良好信用环境。金融机构应向贷款主体正确传达、解释人民银行和政府出台的相关信贷政策，引导贷款主体重视信用、珍爱信用。

3.7　信用修复模式展望

一、健全相关法规机构，进一步完善信用修复的组织框架

针对当前信用修复领域立法空白，出台相关法规文件，明确信用修复等关键内容，为信用修复开展提供立法依据。同时，借鉴美国、英国、韩国等的经验，可通过增设官方、鼓励民间两种渠道推动设立个人信用修复机构，在立法框架内承担引导失信人群、修复破坏信用、重组和清理债务等职责。

二、完善各方配套机制，进一步形成较为完备的运行机制

在人民银行层面，加快制定出台契合本地实际的意见和指引，将信用修复纳入规范化轨道；在地方政府层面，有效发挥财政资金作用，扩大财政贴息的贷款适用范围，完善现有风险担保和补偿机制，增强基金的使用率；在金融机构层面，平衡信用修复和信贷规范的关系，设计客户甄别、产品适用、流程简化、监督把控等一整套制度，扩大修复受益范围。

三、高度关注潜在风险，进一步加大贷款环节的监测控制

信用修复是当前金融精准扶贫、普惠金融背景下的改革探索，但从金融机构经营风险角度出发，失信贫困户再次违约风险相对较大，对整体经营带来潜在影响。因此，进一步对接地方精准扶贫产业政策和导向，按实际需求和方向发放贷款，并强化贷后风险管理和控制，确保资金投向精准，有效防范和化解不良贷款等潜在风险。

四、提高扶贫贷款不良容忍度，进一步激发金融机构的修复活力

五部委下发《关于促进扶贫小额信贷健康发展的通知》，明确扶贫小额信贷不良率可以高出自身各项贷款不良率年度目标 2 个百分点以内。政策的出台缓解了金融机构经营压力，但与不断扩大的贷款规模相比仍是“杯水车薪”，应探索对信用修复贷款不良率进行单独考核，适当再提高不良容忍度。同时，配套建立单独的核销机制，提高修复不良贷款的核销率。

五、改进征信报告解读方式，进一步增强征信报告的参考价值

目前，我国的个人信用报告主要是对信息主体以开展的经济活动进行客观描述，对失信关键因素、信用潜在风险、应重点关注的信用修复领域等内容并未解读。可借鉴国际经验，对个人信用报告进行更详细、更专业的分析，形成更直观、动态的综合评级结果，使金融机构在对个人进行信用评级、分析时更加具有针对性，在信用修复时更具有参考价值。

六、持续加强金融教育，进一步营造守信用信的良性环境

失信贫困户信用修复在农村信用体系框架之下，应通过大力营造“守信者荣、失信者耻、无信者优”的金融生态环境为修复奠定基础。在普遍提升农户金融素养的基础上，注重区分受教对象，针对不同失信原因、失信群体明确不同的宣教内容和方式，尤其是加大对年轻失信群体的宣教指导，教会他们不仅要守信，更要用信，探索“信用普惠”助力金融精准扶贫的新路径。

第4章　金融精准扶贫"四+"组合拳模式

为有效缓解农村地区"融资难"问题，试点地区将农村普惠金融与金融精准扶贫有机结合、协同推进，构建"央行政策工具+政府补贴担保+机构精准投放+信用工程建设"的"四+"模式，形成金融精准扶贫组合拳。其中：央行通过灵活运用货币政策工具，包括扶贫再贷款、定向降准、PSL等有效增加融资供给；政府健全完善补贴担保机制，包括贷款贴息、建立担保补贴基金、普及农业政策性保险等，提供风险保障和融资增信，不断降低融资成本；金融机构多措并举信贷资金精准投放，包括创新推出满足各个层面需求的信贷产品、制定便捷化信贷流程、推进扶贫小额信贷等，极大满足多元化融资需求；大力探索信用工程建设，建立农户综合信用评级制度，推广信用贷款，着力破解融资难题。2015年至2018年，宜君县贫困人口由11148人减少到823人，贫困发生率由14.3%下降到1.19%，2019年5月，宜君县实现脱贫摘帽，退出贫困县序列。

4.1　模式背景

4.1.1　经济发展情况

宜君县总人口约10万人，其中农业人口7.9万人。2015年，地区生产总值达32.53亿元、地方财政收入达2.23亿元。宜君县贫困人口 11148 人，是国家扶贫开发工作重点县、革命老区县，面临 2020 年整体脱贫的艰巨任务。由于经济发展相对落后，县内金融机构类型较为单一，导致宜君存在基础金融服务可得性不够、金融供给不足、融资成本较高、农民金融素养不高等问题。2015 年末，宜君县人民币各项存款人均余额[①]29680 元，仅为全国人均水平的 30.07%；人民币各项贷款人均余额 10686 元，仅为全国人均水平的 15.64%[②]。2002 年，宜君成为中国人民银行定点扶贫县，随着金融支持、产业帮扶、资金帮助等政策不断落地，宜君的普惠金融状况不断改善。

4.1.2　特色产业发展情况

截至 2015 年末，“宜君三宝”苹果、玉米、核桃种植面积分别达到 27.7 万亩、37.2 万亩和 41.8 万亩。苹果产量达 18.5 万吨，产值为 6.1 亿元，有冷藏库 6 个，年储藏能力 4000 吨以上；玉米亩平均单产为 562.8 公斤。[③]2015 年，宜君玉米通过农产品地理标志认证，成为陕西省首个通过国家农产品地理标志认证的粮食作物。宜君县共有小微企业 278 户，农民专业合作社 164 个，家庭农场 57 个，职业农民 305 人。

4.1.3　信贷支持情况

截至 2015 年末，宜君县人民币存款余额为 26.19 亿元，贷款余额为 9.9 亿元。涉农贷款余额为 4.51 亿元，共支持农户 6898 户，

---

① 人均各项贷款余额 = 各项贷款余额 / 常住人口总数，其中各项贷款为住户贷款、非金融企业及机关团体贷款、非银行业金融机构贷款总和。

② 根据地方、全国人民银行统计监测系统及人口数字计算。

③ 数据来源：宜君县农业农村局。

支持小微企业 18 户，贷款覆盖率分别为 9.86% 和 6.47%。宜君县不良贷款余额为 4140.93 万元，不良率为 4.18%。其中宜君联社不良贷款余额为4036万元(2016年联社领导换届后不良集中释放，截至 2016 年 6 月末，不良余额为 8110 万元），宜君农行不良贷款余额为 104.93 万元（2015 年核销 457.33 万元）[①]。

4.2 宜君县信贷服务存在问题

整体来看，在金融支持宜君县发展的过程中，主要存在信贷支持力度低、信息不对称、金融环境差等问题。

一、金融组织体系不健全

金融监管部门在宜君县未设立分支机构。同时，金融机构数量较少，2015 年试点前的宜君县仅有 3 家银行业金融机构 6 家保险公司及 1 家小贷公司，工商银行、中国银行、建设银行等大型国有商业银行缺位，辖区内无证券机构，宜君县金融供给主要来源于宜君联社、农业银行和邮储银行，在宜君县信贷服务体系中，大型银行业金融机构对新的农村经营主体不了解，对其发展前景不看好，农业是弱势行业，农业主体是弱势群体、处于弱势地位等固有观念限制了信贷服务的深度和广度。

二、金融供需不匹配

金融供给能力不足，农业银行与邮储银行虽在县域有网点，但其主要为存款业务，农业银行贷款发放的对象主要是县辖区居民的住房贷款及域外的大型企业贷款，邮储银行并无贷款业务，金融资源尤其是信贷资源的供给来源少、实力弱、水平较低。金

① 数据来源：宜君县各金融机构信贷统计数据。

融供给结构不合理，金融机构信贷产品种类较少，细化程度不足，贷款手续总体烦琐，办理期限长，条件苛刻，无法满足企业和农户迫切的资金需求，且由于农村地区农户和小微企业的经济实力普遍较弱，导致较多的金融资源集中在少数企业和农户中。金融有效需求不足，宜君县作为农业县，土地、农房等固定资产无法用于抵押，缺乏优质的大中型企业，导致县域涉农企业和农户缺乏抵押品和担保品，无法满足金融机构对增信的要求。截至2015年末，宜君县银行业金融机构未针对村民办理信用贷款，所有贷款必须要有抵押品，并要求两名公务人员担保，多数村民达不到要求。

三、相关信息不对称

对于扶贫贴息等需要多部门合作的信贷产品，金融机构不能及时掌握贴息信息、贫困人口更新信息；财政、扶贫部门不能及时掌握贫困人口信贷信息。在开展贷款扶贫贴息工作时也不能良好的开展合作，一卡通等载体没有得到很好的应用，农民每次贴息要跑多个部门，再以镇为单位集中办理。信息共享合作机制不健全，严重影响了工作效率。存在“无熟人，不贷款”的现象，农民申请贷款往往不直接与金融机构联系，而是通过“找熟人、托关系”等，影响贷款办理效率。

四、金融生态环境亟须改善

金融生态环境不佳使经济主体参与金融活动程度较低。《铜川市金融生态环境评价报告》显示，相比铜川其他区县，宜君金融发展的经济和社会环境较差。从经济环境看，消费对经济的贡献度较低，2015年仅为13.6%，同时产业结构不平衡，在工业占主导地位的情况下，规上企业资产收益率低下严重制约了企业的可持续发展，2015年宜君县规上企业资产收益率仅为2.22%；从中介服务环境来看，中介发展滞后，担保机构发展缓慢，落后的中介服务体系建设对经济建设提供的支持力度不足。据调查，宜君农户和小微企业贷款难的首要原因是缺乏抵押和担保。《铜川市金融生态环境评价报告》显示，2015年宜君县中介服务环境得分为2.33分，位居全市最后一位。宜君县暂无融资担保公司，中介人才特别是律师与会计从业人员相对匮乏，担保业和信贷评级市场发展滞后，落后的中介服务体系建设对经济建设提供的支持力度不足；从金融运行环境来看，金融生态环境建设整体基础比较薄弱，金融资产占地区生产总值的比重仅为8.72%。

五、金融服务满意度不高

金融服务满足性指的是居民对于自己所获得的金融服务的满意程度，最能直观地表现居民获得金融服务的质量，对于农村普惠金融来说，其最终目的就是提高居民对金融服务的整体满意程度。但经过调查，农户及小微企业对便利性、环境、整体满意程度均不高。

表4.1　宜君县农村普惠金融满足性调查表[①]

单位：户

主体	整体满意度					便利程度满意度					服务环境满意度				
	1	2	3	4	5	1	2	3	4	5	1	2	3	4	5
农户	5	28	50	11	6	5	26	32	32	5	0	44	28	28	0
小微企业	2	13	70	3	2	25	60	10	3	2	12	18	37	25	8

注：1~5分值分别表示“非常不满意、不满意、一般、满意、非常满意”。

① 中国人民银行铜川市中心支行分别对宜君县100个农户及100个小微企业及个体工商户主进行普惠金融发展情况调查，问卷内容涵盖调查主体基本信息、金融服务可得性、金融覆盖及便利性、金融服务满足性等四大部分。数据来源于该调查汇总数据。

4.3　金融扶贫与普惠金融统筹推进的可行性

2016 年 3 月，中国人民银行等七部委联合印发《关于金融助推脱贫攻坚的实施意见》，明确了金融扶贫具体措施。同年 4 月，中国人民银行批准在铜川市宜君县开展农村普惠金融综合示范区试点，提出了发展普惠金融的要求。在宜君如何落实普惠金融和金融扶贫具体内容，需要充分理解二者关联性与协调性。

一、从总体要求看，普惠金融与金融扶贫具有协调性

宜君县农村普惠金融试点要求使广大群众能以合适的价格享受到及时、便捷、高质量的农村金融服务。《关于金融助推脱贫攻坚的实施意见》指出，金融扶贫要以发展普惠金融为根基，让每一个需要金融服务的贫困人口都能便捷享受到现代化金融服务。因此，金融扶贫的重点就是要大力发展普惠金融，增强贫困地区金融服务的可获得性。而在“精准扶贫、精准脱贫”的基本方略背景下，金融扶贫又是发展普惠金融在我国的重要表现形式。

二、从目标原则看，普惠金融与金融扶贫具有一致性

宜君县农村普惠金融试点要求坚持市场主导、政府扶持，创新机制、激发活力，示范先行、全面覆盖，防范风险、持续发展的原则，达到“基础金融不出村、综合金融不出乡镇”的目标。《关于金融助推脱贫攻坚的实施意见》提出在坚持精准支持与整体带动结合，坚持金融政策与扶贫政策协调，坚持创新发展与风险防范统筹的原则下，全力推动贫困地区金融服务到村到户到人。因此，普惠金融和金融扶贫都体现出优化金融资源配置，创新金融服务方式，有效防范化解风险的思路和提升贫困人口或弱势群体金融服务可得性的努力方向，相互呼应、相互统一。

三、从实施措施看，普惠金融与金融扶贫具有融合性

宜君县农村普惠金融试点在具体措施中提出要实施金融精准扶贫，《关于金融助推脱贫攻坚的实施意见》则明确要大力推进贫困地区普惠金融发展。同时，二者支持区域都是在农村地区，具体措施也基本都集中在健全金融组织体系、满足多元融资需求、优化农村支付环境、推进农村信用建设、加强金融知识普及等五个方面，通过货币政策工具的有效运用、金融与财税政策的协调配合、辖区金融运行的差异监管等推动二者顺利实施与发展。

4.4 整体思路

一、构建“三方联动”机制

从人民银行、地方政府、金融机构三个层面联合推进，实现“三方联动”。在人民银行层面，调动系统单位扶贫资源，强化政策传导，加强与地方政府的沟通协调。在地方政府层面，统筹财政、金融、农业、扶贫等政策资源，组建普惠金融推进机构，协调具体工作开展。在金融机构层面，健全普惠金融和金融扶贫工作机制，优化金融服务流程，创新金融产品和服务方式。

二、推动多元融资服务创新

探索设立符合实际的单独信贷投放与考核机制。针对除“社会兜底”外的所有贫困户，尤其是有发展生产脱贫意愿、社会评价良好的贫困户，建立包括贫困户家庭基本情况、劳动技能、资产构成、生产生活、金融需求等内容的金融服务档案，实行“一户一档”开展金融精准对接。充分发挥扶贫再贷款、支农再贷款等货币政策工具引导作用，确保信贷投放的数量和利率在合理范围。综合运用债券、保险、信托等多种融资渠道，为“三农”和小微企业等薄弱环节提供资金支持。规范发展民间融资，引导社会资本支持普惠金融和金融扶贫。

三、不断优化金融生态环境

有条件的银行机构可通过增加自助服务设备，完善电子服务渠道，提供上门服务措施，提高农村地区金融服务的可得性和便利性；通过提升非接触式银行卡受理能力，改善社保卡、金融 IC 卡、电子现金以及移动金融创新产品的应用环境。健全“守信激励、失信惩戒”机制，金融与司法部门共同依法惩处恶意逃废债行为。对不良贷款比率实行差异化考核，适当提高贫困地区不良贷款容忍度。

四、完善金融服务配套机制

积极整合各类财政涉农资金和社会资金，完善县域担保体系和扶贫小额信贷风险补偿机制建设，帮助金融机构分担涉农贷款风险，筑牢风险防范高墙，推动形成经济金融良性发展态势。通过设立担保基金，引导信贷资金向新型农业经营主体配置，切实解决涉农企业无抵押、无担保等融资难题，提高涉农企业的信贷支持力度；通过建立完善扶贫小额信贷风险补偿基金，引导金融机构加大对农户贷款的投放力度，支持其大力发展农业产业，提高农户的融资获得率和金融服务获得感。

4.5　模式实践

4.5.1　实践操作

结合宜君农村信贷服务存在的问题，统筹金融扶贫与普惠金融协同发展，有效整合资金、资源、信息和人才等优势，帮助和引导城乡居民参与金融活动，实现普惠金融和金融扶贫成效双提升。

一、用好用活货币政策工具，撬动信贷资源

通过探索货币政策工具运用的有效模式，进一步发挥好货币政策工具的信贷引导作用，提高农村地区的信贷资源配置效率。一是累计向宜君县法人金融机构发放2.5亿元扶贫再贷款，增加金融机构对建档立卡贫困户和带贫企业主体的低成本资金供给，探索形成了“扶贫再贷款+信贷+保险+期货+贫困户”和“扶贫再贷款+财政贴息+担保基金+新型农业经营主体+贫困户”等货币政策工具的运用模式，有效降低实体经济的融资成本，扩大信贷规模。二是运用抵押补充贷款政策工具，指导国家开发银行和农业发展银行发挥行业优势，加大对宜君县棚户区改造等基础设施建设的支持力度，着力解决农村地区基础设施等薄弱领域发展难题。三是发挥差别化准备金政策的信贷引导作用，指导农业银行宜君县支行和宜君联社加大涉农贷款投放，享受优惠准备金率，进一步增加涉农信贷资金的供给。

二、发挥财政激励引导作用，完善金融服务配套设施

瞄准金融服务“三农”发展的短板，探索建立产业扶贫担保基金、扶贫小额信贷风险补偿基金、转贷基金等金融服务配套机制，着力解决企业融资中出现的抵押难、担保难、成本高等问题，做好“三农”领域金融风险防范和化解工作，持续增强金融支持经济发展的实力。一是完善县域担保体系建设，按照“人民银行捐赠增信资金，地方政府配套财政资金、引导社会各界捐赠资金”的思路，人民银行总行和宜君县政府共同出资成立宜君县产业扶贫担保基金，引导金融机构按照最高不超过10倍的比例投放产业扶贫贷款，并鼓励涉农企业积极履行社会义务，与建档立卡贫困户建立利益联结机制，带动贫困户共同发展，实现增收致富。

二是建立风险缓释机制，宜君县政府出资建立扶贫小额信贷风险补偿基金，规定以7∶3的比例与金融机构分担风险，指导金融机构完善扶贫贷款尽职免责制度建设，不断加大对贫困户和农户发展产业的信贷支持。三是财政贴息降低融资成本，宜君县财政局对扶贫小额信贷给予全额贴息，为贫困户提供“零成本”融资，对由产业扶贫担保基金提供担保的产业扶贫贷款，给予全额贴息，鼓励企业与建档立卡贫困户建立利益联结机制。四是完善贷款风险防范和化解机制。对已经形成不良的扶贫小额信贷，地方政府、金融监管部门和金融机构三方共同发力，通过采取全面摸底排查、加大清收力度、运用风险补偿基金等措施，将金融机构的不良贷款维持在可控范围内，确保金融机构维持稳健运营，企业和农户实现可持续发展，金融生态环境持续优化。

三、积极创新金融产品和服务，满足多元融资需求

鼓励各类金融机构结合县域实际，对照地方政府产业发展规划和现状，因地制宜创新金融产品和服务模式，满足县域企业和农户的多元化金融需求。一是创新信贷产品和方式，推出“搬迁贷”“果储贷”等新型信贷产品，全面推进“5321”扶贫小额信贷，为企业、农户和建档立卡贫困户提供符合其需求的信贷产品。二是创新保险险种和方式，借助铜川市“保险助推脱贫攻坚示范区”的试点机遇，把农业险种增加到19种，探索“助农保”①“扶贫保”②等保险产品，在宜君县探索开展全国首单苹果“保险+期货”的期货价格指数保险，通过银行信贷支持与保险保障共同发力，

① “助农保”属于特惠扶贫专项保险，旨在为建档立卡贫困户的家庭财产以及建档立卡贫困人口因意外伤害导致的伤（亡）、重大疾病提供综合性保险服务。

② “扶贫保”是针对贫困人口的保险，2018年宜君县政府出资为全县贫困人口购买了该保险，意外伤害保额为50000元，帮助贫困人员早日脱贫。

探索出了“扶贫再贷款＋银行＋保险＋期货＋贫困户”的金融精准扶贫模式，实现对象精准对接，贷款精准投放，保险精准覆盖和期货精准补偿。三是创新金融服务，在全国范围内首推兼具借记卡和贷记卡功能的“乡村振兴主题卡”，向涉农企业和农户提供一系列综合支付服务，为农村生产生活提供更加便利和有效的金融服务。

四、开展信用工程建设，破解融资瓶颈

通过完善信息采集、开展信用评定、实施信用修复三项举措，着力解决有发展意愿，但缺乏增信工具、存在历史遗留不良农户的融资渠道问题，切实提高农户的融资获得率。一是推进信用贷款，设立“宜君县农户综合信用信息中心”，搭建农户综合信用信息数据库，引导金融机构根据农户综合信用评级结果实施差别化信贷措施，有效解决农户因缺乏抵押担保无法获得信贷的情况。二是指导金融机构积极开展“信用乡镇”“信用村”“信用户”的评定工作，对符合条件的涉农企业和农户发放信用贷款。三是探索信用修复，开展农村信用普惠及失信贫困户信用修复工程，改善其自身征信状况、重新获得贷款发展生产。

4.5.2 案例分析

案例 1“扶贫再贷款＋信贷＋保险＋期货＋贫困户”模式

×××是宜君县武家塬村的一个建档立卡贫困户，从事苹果种植，2018 年 2 月，他种植的苹果受到极大的寒潮影响，基本绝收。得益于人保财险和郑州商品交易所为他购买的苹果价格指数保险，他获得了 3290 元的赔偿，同时，他从宜君联社申请了 5 万元扶贫贷款，也为他继续发展生产提供了资金保障。

2017 年 12 月 22 日，郑州商品交易所开展苹果期货交易，甲期货公司主动替铜川市宜君县武家塬村 25 户建档立卡贫困户的 19.3 万斤苹果缴纳了期货价格保险保费，全国首单苹果“保险 + 期货”成功落地。2018 年 2 月初，受铜川市大范围降雪天气影响，苹果期货价格持续下跌，× × 财险铜川分公司及时行权，贫困户最后获得 9.07 万元行权金，保障了贫困户的收入。同时，金融机构为其中的 11 户贫困户发放了金融精准扶贫贷款，帮助其继续发展生产。

目前该模式已推广至鸡蛋、玉米等农产品生产领域。

案例 2“扶贫再贷款 + 财政贴息 + 担保基金 + 新型农业经营主体 + 贫困户”模式

× × 农业综合开发有限公司成立于 2016 年 7 月，公司注册资金 800 万元，主要从事食用菌的种植与销售及新技术、新产品的研发、推广和运用。公司成立后与 56 户贫困户签订帮扶协议，以劳务、入股、技术指导和收购农产品等形式带动贫困户增收。

面对企业的金融需求，一是运用政府担保破解难题，2016 年，人民银行和宜君县政府共同出资，建立了 1000 万元的扶贫产业担保基金，解决了企业无抵押、无担保的贷款难题，× × 农业公司通过与贫困户建立利益联结机制，成功向宜君联社申请到了 150 万元产业扶贫贷款，用于进一步扩大生产和提高扶贫带动作用；二是发挥扶贫再贷款的信贷引导作用，自 2016 年使用扶贫再贷款资金以来，宜君联社充分发挥金融的支持作用，支持贫困户发展生产，2018 年，人民银行铜川中支向宜君联社追加 5000 万元扶贫再贷款，引导宜君联社继续加大金融精准扶贫力度，尤其是通过运用扶贫产业担保基金发放产业扶贫贷款，提高产业脱贫成效；三是发挥财政资金的激励作用，对于与贫困户建立利益联结机制的 × × 农业公司，根据《财政部普惠金融发展专项资金管理办法》（财金〔2016〕85号）和陕财办金函〔2018〕1号文件，宜君县政府每年给予涉农奖励资金，同时，宜君县政府对××农业公司申请的150万元产业扶贫贷款给予全额贴息，鼓励县域其他新型农业经营主体积极履行社会责任和义务，进一步发挥产业带动作用。

4.6 实施效果

一、金融覆盖率显著提升

截至2019年末，宜君县较试点前增加了2家金融机构，1个产业扶贫担保基金，现有5家银行业金融机构、6家保险公司、1家小额贷款公司和1个产业扶贫担保基金，填补了政策性银行和担保机构的空白。从金融机构基础设施来看，电商实体店数量村级覆盖率显著提升，从6.74%提升到了47.01%；综合服务站村级覆盖率提升至5.13%；ATM布放数量较2015年末增长33.33%，金融覆盖率显著提升。

二、信贷规模稳步增加

辖区金融机构创新20余种金融扶贫信贷产品（见表4.2），截至2018年末，宜君县金融机构人民币存款余额33.90亿元，较2015年增长21.07%；人民币贷款余额14亿元，较2015年末增长41.41%。从数据看，宜君县自然人贷款和企业贷款覆盖率均显著提高。企业开户数共681户，是2015年的2倍多，共获得贷款3.61亿元。其中小微企业贷款1.29亿元，占比为35.73%。自然人贷款覆盖率增加，从2015年的8.5%增长到10.3%。

三、金融支农力度加大

截至2018年末，宜君县涉农贷款余额8.79亿元，占全部贷款的 62.79%，占比较 2015 年提升 17.23 个百分点，涉农贷款主要是农户贷款，农户贷款余额 5.25 亿元，占涉农贷款的 59.73%。从支持农村产业情况来看，2018 年宜君联社累计发放农村龙头企业贷款 510 万元，发放农民专业合作社贷款 2538 万元。龙头企业贷款增加 350 万元，突破农民专业合作社 2015 年前零的纪录。

四、金融精准扶贫效果明显

2015 年至 2018 年，宜君县建档立卡贫困户人均贷款余额由 0.35 万元提升到 1.44 万元。截至 2018 年末，宜君县金融精准扶贫贷款 0.88 亿元，占全部贷款的 6.43%，提升 1.59 个百分点，金融精准扶贫带动服务人数 2324 人。

五、农村信用环境显著改善

从不良贷款来看，整体不良率略微提升，但涉农贷款不良率显著减小，2018 年末，各项贷款不良率为 3.88%，其中涉农不良贷款率为 5.05%，较 2015 年减少 12.41 个百分点。CSE 评估 结果显示，宜君县“信贷投放 + 金融服务 + 宏观环境”整体结果不断向好，宜君联社作为宜君县重点支持县域经济发展的金融机构，连续多年评估结果为 A 类优秀机构，宜君农业银行从 2013 年的 C 类单位提升到 2018 年的 A 类单位。

表4.2　新增信贷产品名录

信贷产品名称	信贷产品功能介绍
“富农宝”贷款	基于贫困户的信誉，在核定的额度和期限内向居住在辖区内的贫困户发放的不需抵押、担保的贷款。以富秦家乐卡为载体发放的贫困户小额信用贷款，贷款额度不超过10万元，具有一次核定、随用随贷、余额控制、周转使用的特点
“一卡通”贷款	向经过信用评级和授信的持有财政惠民补贴卡的城乡贫困户发放的以财政惠民补贴卡补贴资金作为担保的贷款，简称“一卡通”担保贷款。贷款额度不超过5万元，具有手续简便、利率优惠、方式灵活、用途广泛的特点

续表

信贷产品名称	信贷产品功能介绍
“创业贷”贷款	发放给辖内具备一定劳动能力和创业能力的高校毕业生、自谋职业的复转军人、失地农民、农民工返乡创业者、就地转移自主创业的农村富余劳动力、自主创业的留学回国人员和其他城镇登记失业人员、就业困难人员等贫困户用于支持自主创业的由担保机构承诺担保的贷款。贷款额度为个人不超过10万元；合伙经营不超过50万元；企业不超过200万元；其特点为政府推荐、创业培训、财政贴息、风险分散等
“金保证”贷款	通过政府部门筹资设立担保基金，由基金对有脱贫发展意愿、有创收增收项目、有创业就业潜质和无不良信用记录的农户及符合宜君县联社信贷准入条件的贫困户贷款提供担保，经办社发放并由财政贴息帮扶贫困户发展生产、扩大自主创业，更好更快实现增产创收、脱贫致富的贷款。贷款额度控制在5万元以内，具有政银合作、财政贴息、贫困户受益等特点
“果易贷”贷款	向有购买农资产品需求的贫困户果农（户籍所在地、经营场所在信用社辖县内，有固定居住场所，有核桃、苹果等果业种植实体，年龄在22岁至55岁之间且年龄加上贷款期限不超过55周岁，原则上为已婚）发放的，由农资公司、农户、信用社三方合作，以银企合作为主体，以农户受益为核心的专项贷款。贷款额度控制在5万元以内，具有手续简便、期限短、周转使用等特点
“搬迁贷”贷款	信用社为符合国家政策的整体移民搬迁贫困户在国家赔偿资金尚未兑付前因（购）建房自筹资金不足而发放的贷款。贷款额度为按国土局准确提供的移民赔偿款额度不超过赔偿金额的50%，具有公开受理、区别对待、台账管理、财政贴息等特点
“助学贷”贷款	宜君联社对宜君籍考入普通高等学校或在读的经济困难学生的家长在其户口所在地发放的用于帮助贫困学生支付学费和基本生活费，以保障其顺利入学和完成学业的贷款。贷款额度累计不超过2万元，其特点是信用贷款、手续简单、期限较长
“康复贷”贷款	本辖区内参加新型合作医疗业务的具有完全民事行为能力18周岁以上的自然人（不满18周岁的由监护人办理)贫困户，办理的由县合疗办担保的个人医疗贷款。贷款额度控制在20万元以内，具有免担保、利率优惠、期限短等特点

4.7 模式展望

一、健全完善融资担保体系

宜君县产业担保基金的主要服务对象为新型农业经营主体等

农业企业，企业规模普遍较小，限制了其在扶贫脱贫中的作用，要推动设立政府性融资担保公司，服务地方中小微型的非农企业，为其融资提供保障，帮助企业扩大生产规模，鼓励带动更多的贫困户发展产业。

二、完善金融组织体系

鼓励政策性银行、大型商业银行、村镇银行、保险机构、证券机构等在宜君设立分支机构，推进农信社改制，推动担保、小贷等地方性金融机构建立健全，促进互联网金融机构在宜君开展业务，为上述机构在宜君设立和经营提供政策优惠和便利，有效增加县域金融服务供给。

三、增强金融市场内生动力

从普惠金融的商业可持续原则出发，激发金融市场活力，综合运用债券、保险、信托等多种融资渠道，积极协调中国银行间市场交易商协会在银行间债券市场量身设计基于贫困地区产业特色的专项直接融资工具等，为“三农”和小微企业等薄弱环节提供资金支持。

第5章　农村普惠金融综合服务站“五站统建、五员一体”模式

宜君县农村普惠金融综合服务站坚持市场主导、政府扶持的商业可持续发展方式，形成“五站统建、五员一体”的农村普惠金融综合服务站建设模式，即紧密结合县域经济发展规划，按照“政府平台、市场运作、分摊成本、共建共享”的原则，在乡镇、村建设集农村金融服务站、农村电商服务站、农村商超服务站、农村物流服务站、信用采集服务站为一体、集金融服务员、金融教育员、信息采集员、产品销售员、物流配送员为一人的综合服务站点，由金融机构、电商机构、物流机构自愿入驻办理业务。农村普惠金融综合服务站（乡镇级）与普惠金融支付服务点（村级）共同形成金融服务实体网络体系，实现“基础金融不出村、综合金融不出乡镇”。截至2018年末，宜君县已建成13个农村普惠金融综合服务站，乡镇覆盖率达100%。

5.1　农村普惠金融综合服务站设立的必要性

5.1.1　农村地区金融基础设施不完备

农村地区普惠金融发展的关键在于使广大农村地区群众能以合适的价格享受到及时、便捷、高效的农村金融服务，但当前制约农村地区金融服务可得性的主要因素在于金融基础设施不完

备，面对地广人稀的农村地区，提升金融服务可得性、覆盖率和满意度的重点在于建设能够提供较为完备的金融服务的站点。

2015 年，西南财大在对铜川“金惠工程”第一轮基准调研中，共收集了包括宜君 12 个行政村在内的 597 户农村家庭的各项数据，在金融环境调研中指出，“在金融机构可及性方面，44% 和 35% 的村民对银行服务非常满意和比较满意，村民前往最近的金融服务点平均需要花 28 分钟，最长需要 2.5 小时，42% 的人通过摩托车或三轮车到金融服务点，这说明即使是最近的金融服务点也离家里有一定的距离，这可能也是居民不太使用和不愿前往金融服务点的原因。银行和农信社离住的地方最近，自助银行和服务端最远”。与此同时，居民对金融知识了解不够，金融素养偏低，运用金融改善生活的水平较低。主要原因如下：一是金融机构网点较少。截至 2015 年末，宜君县金融机构网点共有 13 个，其中信用社 12 个，农业银行 1 个，平均每平方千米 0.0084 个。二是普惠金融支付服务点（第一代普惠金融综合服务站模式）效能不能有效发挥。存在有设备无网络、机具故障、群众对普惠金融支付服务点功能不了解、金融服务水平良莠不齐等情况。三是服务点的布局需要调整。前期的服务站点布放主要由金融机构自主选择，同时存在“扎堆”和“遗漏”现象。四是服务站点功能有待增强。

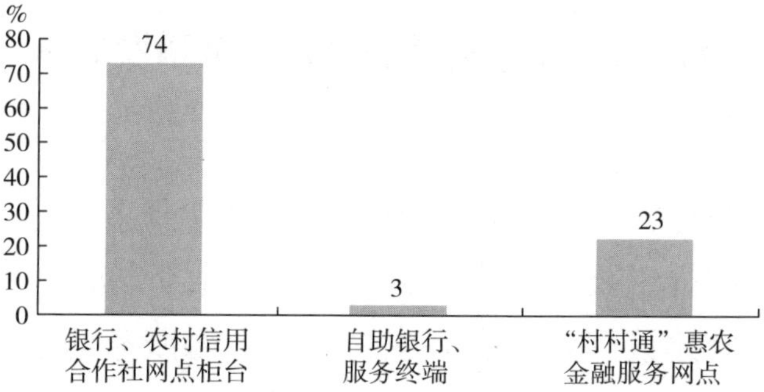

图5.1　离家最近的金融服务点

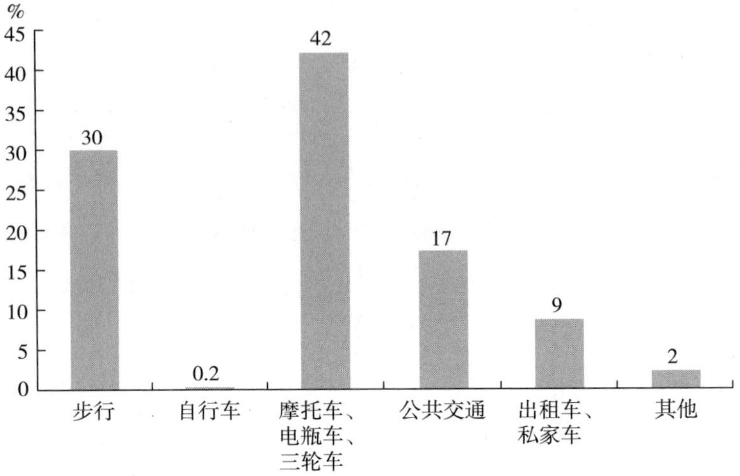

图5.2 前往最近金融服务点的方式

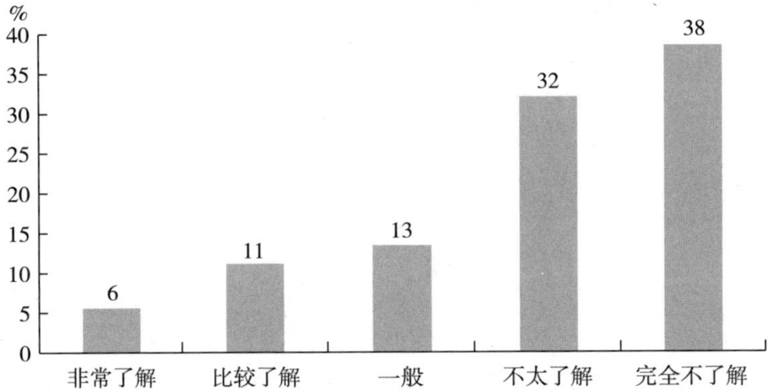

图5.3 农户对金融机构申请贷款的程序了解程度

5.1.2 普惠金融综合服务站是农村普惠金融发展脉络上的重要节点

人民银行总行在《陕西省铜川市宜君县普惠金融综合示范区试点方案》中提出要完善宜君县普惠金融服务体系、金融教育体系、基础设施建设体系，提高农村地区金融服务的覆盖率、可得性和包容性，使广大群众能够以合适的价格享受到及时、便捷、高质量的农村金融服务。农村普惠金融综合示范区试点建设是一项系统工程，在宜君县金融机构类型单一、金融基础设施不完善、第一代服务站不能有效发挥功能的情况下，要实现三大体系建设的有机统一、齐头推进、相辅相成、扩大成效，普惠金融试点工作需要解决的一个难题就是针对传统金融机构难以惠及的人群——居住地区较偏远的群众，如何实现机会均等的“普惠性”金融。

为弱势群体提供金融服务往往成本大于收益，要实现商业可持续，创新必不可少。那么，只有以传统经济、金融活动为基石，依靠创新服务方式、载体和工具实现金融服务成本降低、金融服务内容完善、金融服务质量提升，才能促使普惠金融的惠及面不断扩大。对此，试点地区提出：建设符合实际要求、功能完善的乡村普惠金融综合服务站就如同设置普惠金融脉络上的“关节”，能够盘活整个脉络，实现普惠金融的“普惠性”和商业可持续。

5.2　农村普惠金融综合服务站点路径分析

宜君县作为国定贫困县，建设模式的矛盾聚焦在走政策扶贫路径还是市场化路径，是政府行为还是市场行为？考虑大多数人利益还是少数人的可得性？服务站提供哪些金融服务？如何解决可持续问题？经过一年的实践探索，普惠金融综合服务站经过三次整合发展完善，走出了一条符合宜君实际和商业可持续的发展之路。

5.2.1　政府行为模式还是市场行为模式？

金融欠发达的性质决定了在金融综合服务站的建设从起步阶

段讲，需要政府支持，建立初步运行机制；从长期来讲，需要寻求市场供求平衡，实现可持续发展。政府行为模式的优势在于建立初步的站点建设及运行机制，但其在构筑良性发展的服务站建设方面具有一定的局限性。当前，宜君县作为欠发达地区，金融市场发展不足，金融知识普及率还不是很高，若完全采取市场化的行为，市场在资源配置的过程中会因为市场机制不健全、法规不完善等因素出现失灵的现象，这就需要政府介入，发挥"看得见的手"的作用，促进金融资源更有效、更合理地配置。市场行为模式要求在普惠金融中提供一个具有竞争性的市场环境，发挥其刺激作用促使资金流入和技术进步，发挥传递正向信息的作用。普惠金融的发展最终目标是走市场化的路线，综合服务站的设立作为普惠金融基础建设的重要组成部分，其建设方式和运行机制也必须遵循市场化的经营方式，这样才能有效支持普惠金融持续健康发展。长期来看，等金融发展到一定阶段，金融机构与居民会形成自发的逐利行为，最终形成市场化的机制运行。

宜君金融综合服务站的建设涉及政府、金融机构、第三方平台公司等机构，居民是使用的主体。要确保金融综合服务站的长期可持续发展，其中的市场化效应首先要考虑：一是政府行为，传统金融机构以营利为经营目标，具有严格的信贷责任追究机制，而普惠金融本身带有较强的政策性和公平性等社会功能，加上政府基础性投资与补偿机制的缺失，导致普惠金融模式下权责失衡，金融机构缺乏建站的主动性，无法获取商业金融的长期支持。二是市场行为，金融机构会与第三方平台公司及农户寻求长期可持续的平衡发展模式，就效益上来说可以达到最优，但与此同时，金融机构也会追求利润最大化，从而有可能牺牲客户的利益，与普惠金融的初衷相违背。比如，在市场条件下，金融机构会优先选择优质客户，对于风险系数较大、偿还能力不足的客户进行缩贷，融资困难的问题依然无法解决。

《推进普惠金融发展规划（2016—2020 年）》将普惠金融定义为"立足机会平等要求和商业可持续原则，以可负担的成本为有金融服务需求的社会各阶层和群体提供适当、有效的金融服务"。按照这一定义，普惠金融的基本原则是机会平等、商业可持续、成本可负担。因此下面主要基于成本收益、站点运作、取得的成效几个方面来进行对比（见表 5.1）。

表5.1　综合服务站建设两种模式利弊比较

<table>
<tr><th colspan="2">建设模式</th><th>收益性</th><th>成本性</th><th>站点运作</th><th>普惠金融效果</th></tr>
<tr><td rowspan="3">政府模式</td><td>金融机构</td><td>金融机构利益受损，长期化措施有待验证</td><td>站点建设由政府支持（低成本）</td><td>缺乏建点主动性</td><td rowspan="3">短期内即可收到效果，但不具商业可持续性</td></tr>
<tr><td>站点使用主体</td><td>便利性金融服务（保障公平性）</td><td>节省路程成本和交易成本，获得低成本的金融服务</td><td>站点使用率主动性不高</td></tr>
<tr><td>第三方平台（电商平台等）</td><td>无进驻站点费用，同等业务量下收益较大</td><td>节省开支，业务量与站点业务量挂钩</td><td>进驻站点主动性强</td></tr>
<tr><td rowspan="3">市场模式</td><td>金融机构</td><td>追求利润最大化，但有可能牺牲客户利益</td><td>金融机构出资，成本由供需双方确定，（成本最小化）</td><td>利益驱使，主动性强</td><td rowspan="3">运行机制建立所需时间较长，短期内无法收效，但长期商业可持续性高，且能推动当地经济发展</td></tr>
<tr><td>站点使用主体</td><td>覆盖面更广，无法确保公平性</td><td>更大范围的覆盖下其成本进一步下降，但可能导致寻租成本</td><td>需求驱使，使用率较高</td></tr>
<tr><td>第三方平台（电商平台等）</td><td>在市场环境下，进驻站点需要交付一定费用，收益率相对较低</td><td>需支付一定的站点费用，成本增加</td><td>进驻站点主动性由其利益决定</td></tr>
</table>

5.2.2 大多数人利益还是少数人的可得性?

金融业务作为整个社会的重要组成部分，首先要在追逐利润最大化和承担社会责任之间达到一种平衡，同时，要通过有效的政策和制度激励，建立一种财务绩效和社会绩效相均衡的考核机制，使金融机构在作出经营决策时能首先考虑大多数企业、大多数人的利益。在金融综合服务站建设的过程中也应尽可能地覆盖到大多数企业、大多数人的利益。

一、解决幅员辽阔的欠发达地区建站成本与广覆盖要求的矛盾

综合服务站能够很好地解决农村居民金融需求问题，但是一个站点的选址应该如何确定？是覆盖到乡（镇）级还是覆盖到村级？是选择人流量较大、商业相对繁华的路段还是重点考虑偏远地区农户的可得性？这些需要综合考虑覆盖人数、成本与便利的最优问题。宜君县属偏远村，人数较少、居住分散，从市场可持续发展角度来看，站点覆盖到村级显然不符合商业性原则，同时普惠金融要求尽可能多地覆盖到各阶层的居民和尽可能多的企业，普惠金融综合服务站的辐射范围也要求最大限度覆盖各个行政村。

二、解决互联网金融对于综合服务站功能的替代

建站密度大、成本高、商业可持续性不佳，不建综合服务站则当地居民无法得到金融服务。解决商业可持续性与广覆盖的矛盾，可采用其他非物理网点的形式提供金融服务。互联网金融的发展为欠发达地区提供了新的便捷、低成本的金融模式，数字技术在普惠金融领域的应用，促进了信息共享，降低了交易成本和金融服务的门槛，有效扩大了金融服务的覆盖面。在普惠金融综合服务站无法辐射到全部行政村、所有居民时，通过数字普惠方式为其提供金融服务是努力的方向。

5.2.3　提供哪些金融服务?

普惠金融服务坚持低门槛、广范围，这在提升弱势群体的金融服务覆盖率的同时，也增大了推行普惠金融的风控压力。

一、 物理网点的成本和安全性问题引发的风险问题

由于大多数农村金融综合服务站距离城区或者乡镇公安派出所较远，设立农村金融综合服务站成本投资较大，管理费用较高，服务站未安装监控、未建立联防机制、未安装防盗门窗，容易给犯罪分子可乘之机，存在发生抢劫、盗窃案件的风险，防范措施和防范力量较为薄弱。随着普惠金融综合服务站功能的不断完善，其业务种类和现金量将增加，而较弱的防盗、防抢、防诈骗机制，容易给服务站资金和人员安全带来风险。

二、 移动金融存在技术上的潜在风险

普惠金融让社会各个阶层都能跟上信息化社会发展步伐，利用现代化手段获得金融服务和更多的发展机会，普惠金融主要是为普通公众服务，数字普惠金融是以互联网技术为基础的金融模式。技术上使用好的手机银行、POS 机的安装使用、支付限额的设定等，在带来便捷金融服务的同时，也增加了个人信息泄露、资金被盗等风险。

三、 信用风险仍会造成金融资源错配

在提供金融服务时，应对需求的种类、金融和地域分布等进行综合评估，有效的金融服务需要以一定的潜在条件为前提。而基于资金融通的信用视角，我国当前以银行信用为核心的信用体系格局存在信息不对称等局限，使基本金融服务不完善、小微企业融资不畅，并最终导致普惠金融难以实现资金供求的有效配置。

5.2.4 如何解决可持续问题?

可持续性是指一种可以长久维持的过程或状态，普惠金融的长久发展，需要建立在可持续的成本收益基础上，若普惠金融服务本身无法保障成本收益的对等，金融机构则难以获得利润，从而需要政策支持或财政补偿以解决普惠金融亏本问题。我国普惠金融的收益性相对较差，行业整体上仍存在成本收益不对等的问题，这一问题抑制了普惠金融的可持续推广。因此，普惠金融综合服务站的可持续问题需要解决以下的问题。

一、 运行机制问题

在前面也提到，在短期内，需要政府主导，市场配合来共同完成金融综合服务站的机制运行。运行机制主要是普惠金融综合服务站内部正常运行的问题，包括人员的配备、人员的素质、服务站的服务、服务站的安全保障等问题。

二、 供需关系的确定

普惠金融综合服务站商业可持续建设主要问题是服务站本身的供需平衡问题。要实现普惠金融综合服务站的长期运作，需要解决长期供需关系的问题，即普惠金融综合服务站存在的必要性问题，在市场化效应下，只有长期的供求平衡才能实现可持续化的运作。对金融机构而言，要设计符合满足“三农”、小微企业多元化金融需求的金融产品，综合服务站的功能须符合农户和市场的需求，提供符合实际的服务站业务种类、服务方式、保险金融产品、产品网上销售渠道，兼顾金融机构成本与收益，这样才能达到长期供求均衡。

5.3　农村普惠金融综合服务站的具体实践

5.3.1　普惠金融综合服务站建设思路

遵循覆盖面大、安全性高、成本小的原则，以行政村为单位，按照“示范先行、引导带动”的思路，依托村委会或现有的普惠金融支付服务点，实现金融超市（金融产品自助选择）、基础金融业务咨询办理、农户信用信息采集、金融知识宣传普及、金融消费权益保护救助、农产品电子商务平台“六大功能”，主要解决农村银行网点少、金融基础服务不足、农民金融知识贫乏、农民理财能力不强、“三农”等薄弱环节融资难、资金使用效率较低等问题，着力提升金融服务的便利性和可得性。

5.3.2　宜君县“三代”乡村金融服务站点变革情况

从表 5.2 所示的乡村金融服务站点的实践序列上，可以看出其在发展思路上经历了从“以行政行为为主导”到“以市场行为为主导”的变革。随即带来了运作方式（选址、建址、人员、管理等）、主要功能等方面的变化。目前正在建设运行的“第三代”服务站点遵循市场化路径，体现了普惠金融的商业可持续原则。

表5.2　宜君县“三代”乡村金融服务站点变革情况

序号	名称	时间	运作方式	主要功能	突出特点
第一代	普惠金融支付服务点	2010—2014年	由人民银行主导，中国银联、涉农金融机构、特约商户共同参与；主要依托行政村中的个体商店、村民家中开办业务；由村民提供金融服务	转账、小额取现（主要用于支取养老金）	426个“普惠金融支付服务点”实现117个行政村全覆盖，开始探索为金融网点缺失、金融服务不健全的农村地区群众提供相对方便、快捷的金融服务

续表

序号	名称	时间	运作方式	主要功能	突出特点
第二代	乡村金融综合服务站	2015—2016年	人民银行、地方政府、金融机构三方共建；主要依托村委会所在地建立服务站开办业务；由1家涉农金融机构主办，配备专人负责运行	“六大功能”：金融产品超市、基础金融业务咨询办理、农户信用信息采集、金融知识宣传普及、金融消费权益保护救助、农产品电子商务平台	与“普惠金融支付服务点”并行，属“第一代”向“第三代”过渡的产物，但在运作方式、主要功能上已有实质性突破，是“第三代”站点的雏形
第三代	农村普惠金融综合服务站	2017年至今	政府平台、市场运作；在乡村街道繁华地段开辟2间房间单独开办业务；金融机构竞争入驻，服务人员市场化招聘	“五站统建”：农村金融服务站（包括第二代中的金融产品超市、基础金融业务咨询办理、金融知识宣传普及、金融消费权益保护救助功能）、农村电商服务站、农村商超服务站、农村物流服务站、信息采集服务站	在运作方式上探索“市场化”路径，在主要功能上更加注重金融服务县域经济发展的功能，特别是与“互联网+”下农村电商、物流发展的结合

5.3.3 宜君农村普惠金融综合服务站运行机制

一、政府平台、市场运作

政府的主要职责：提供服务面积为40平方米左右的经营用房，统一完成标准化设计装修，统一面向社会招聘工作人员并组织开展培训，统一制定相关服务制度。

金融机构的主要职责：根据市场需求和各自市场定位，自主选择是否进驻站点开展业务，进驻者负责按照统一的服务制度布放金融机具、宣传资料等，承担部分经营费用。物流、电商等机构根据实际需要也可进驻开展业务，承担与金融机构相同的职责。

站点工作人员的主要职责：经招聘上岗的工作人员负责面向村民提供金融服务，可自主经营电商、商超、物流等业务，自负盈亏。

“政府平台、市场运作”的模式，把政府和市场联系在一起，让“有形的手”与“无形的手”共同作用，从机制上确保了站点的可持续性。

二、中心村（乡）的村（乡）中心

“中心村（乡）”指必须首先在人口相对密集、经济总量相对较大、交通相对便利的乡村选址，“村（乡）中心”指必须在上述乡村中人流量较大的核心地段选址，有效确保站点建成后辐射范围更大、服务人群更广，同时能够“养活”自己。根据这一原则，首批农村普惠金融综合服务站在下辖9个乡镇政府所在地和人口量最大的4个村率先建成并投入使用，随后按照人口密集度和经济活跃度递减的原则逐步延伸。

对人口密度低、经济总量太小的偏远村组，从成本效益出发，暂不单独建站，依托原有“普惠金融支付服务点”（第一代）升级改造，加载金融服务“全功能”，通过降低成本的方式确保金融服务的可持续性。

三、基础金融不出村、综合金融不出乡镇

普惠金融综合服务站的主要功能包括：农村金融服务、信息采集服务、农村电商服务、农村商超服务、农村物流服务，侧重将金融发展与服务实体经济紧密连接，增强金融服务实体经济的能力，从而拓宽了服务站的经营范围，增加了站点工作人员的收入来源。

表5.3　普惠金融综合服务站功能

站点功能	具体服务情况
农村金融服务	包括金融产品超市（银行类、保险类）、基础金融业务咨询办理、金融知识宣传普及、金融消费权益保护救助
信息采集服务	配合农村信用体系建设需求，面向当地农户定期采集综合信用信息，用于农户综合信用信息系统数据维护，为缓解贷款“融资难”问题提供基础服务
农村电商服务	以“互联网+现代农业”为依托，提供农产品线上交易服务，推动农产品上行，助力农业转型升级
农村商超服务	开办实体超市
农村物流服务	主要为农产品上行、工业品下乡提供物流配送服务

四、金融知识普及教育，扩大金融需求

世界银行的一项调查显示，缺少基本金融知识是阻碍穷人获得金融服务的重要原因，且提升低收入群体金融可获得性的最优政策是金融教育。研究还表明，教育与普惠金融发展具有明显联系，拥有大学教育或更高教育水平的成年人在正规金融机构拥有账户的比例要显著高于中小学教育水平的比例。但受经济、交通、人文等多方面影响，农村地区群众普遍缺乏金融知识，必须持续开展金融知识普及教育才能普遍提升村民的金融素养，让其积极参与到金融活动中来，运用现代金融工具发展生产、改善生活，才能更好地扩大金融需求、活跃金融市场、维护金融稳定，进而增强站点的可持续性。为此，宜君县依托农村普惠金融综合服务站建设普惠金融教育培训基地，配备金融宣传志愿者，面向村民提供日常金融咨询和金融知识宣传教育，形成覆盖全县的教育培训网络体系，是村民身边的金融“加油站”。

从图 5.4 可以看出，随着金融知识普及教育的开展，宜君县人均个人贷款余额[①]、农业保险普及率等基础金融指标大幅增长，

① 人均个人贷款余额 =（个人经营贷款余额 + 个人消费贷款余额）/ 常住人口总数。

农村居民参与金融活动的意愿和能力正在提高。

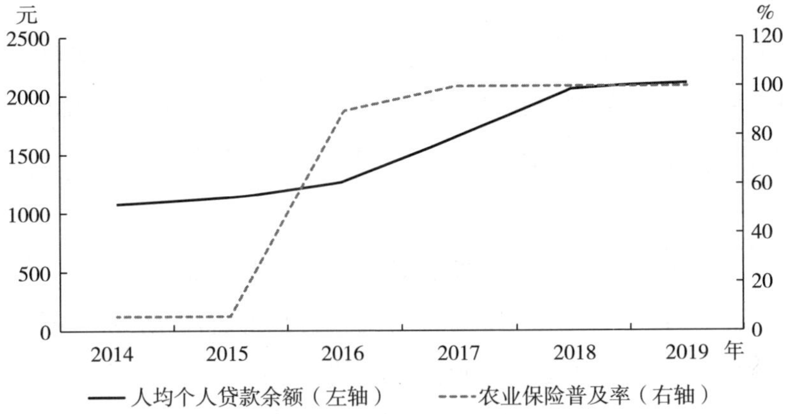

图5.4　宜君县基础金融指标

5.3.4　保障措施

一、资金补贴

经聘用的站点工作人员，由政府财政支付每人每月 800 元基本工资；站点水、电、暖等费用，由进驻站点的金融机构部分承担（8 家机构每年共承担 2400 元），不足部分由站点工作人员自行承担；工作人员经理金融业务，由金融机构按比例支付手续费，以农信社为例，手续费为交易金额的 1%，每月上限 1000 元，按业务量核算，每个站点月均能拿到 800 元左右的手续费。

二、业务集中

站点按区域设定，除正常经营的金融机构网点之外，区域内金融机具原则上均布放在站点内开展业务。

三、 自主经营

站点一般为两间房屋，一间用于开展金融业务，另一间用于站点工作人员自主经营使用（主要为开办商超、物流配送站等），经营收益由工作人员自得。

四、岗位培训

由政府、人民银行统一组织，金融机构具体负责实施，对站点工作人员开展金融业务培训，确保其掌握基础金融知识，能够自主办理业务、提供咨询服务、采集农户信息等。

五、移动金融

大力发展移动金融，通过普及推广新型支付工具、配备银行流动服务车等方式，有效补充服务站辐射不到的“盲点”地区，与服务站联合形成金融服务网络体系。图 5.5 显示了宜君县 2014—2019 年“数字支付”（含移动支付、网上支付）开通量[①]情况，表明自 2014 年推进“移动金融”后，越来越多的人选择了“数字支付”工具。

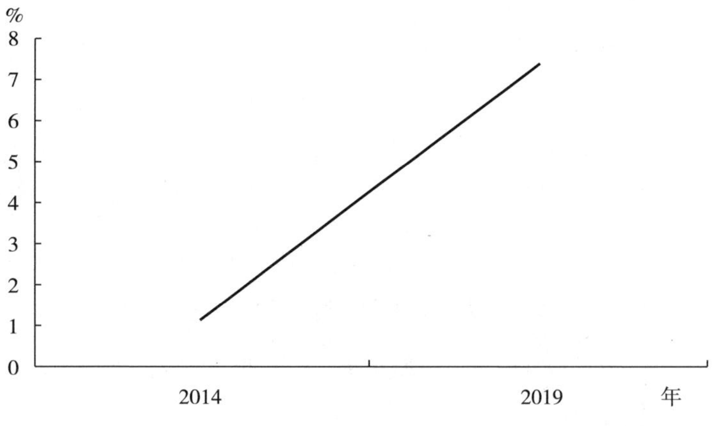

图5.5　2014—2019年“数字支付”开通量

① “数字支付”开通量 =（移动支付个人客户数 + 网上支付个人客户数）/ 常住人口总数。

5.3.5　案例分析

案例 1　武家塬村普惠金融综合服务站——首家第二代服务站建设

选点依据：陕西省宜君县武家塬村是中国人民银行总行向基层选派第一书记进行定点帮扶的贫困村，具有前期开展工作的人才优势；该村南距铜川市 51 千米，村庄紧靠 210 国道，距离宜君县城约 20 千米，交通便利，对于在当地没有分支机构的人民银行来说，便于开展各项探索性工作；该村目前有农业银行和信用社的普惠金融支付服务点，但业务功能单一，并分别分散在不同的农户家中，安全性不高，需要进行业务整合和完善；该村是当地规模较大的行政村，共 134 户，530 人，没有金融机构网点，主要经济作物是玉米和苹果，村民平均收入较低，借助金融发展产业的需求较多，有建立综合服务站的现实需求。

组织运行：人民银行负责总体设计、指导和督促服务站建设，并组织协调发挥好地方政府、金融机构的主体责任；地方政府充分发挥行政资源组织优势，积极开展服务站建设；服务站由农业银行主办，工作人员工资根据业务量由相应的金融机构支付。

成效分析：武家塬村金融服务站建成后每月平均办成约 60 笔业务。一是金融服务便利性持续提升。村民可进行存取款、支付转账、生活缴费业务，实现了“基础金融服务不出村”。二是金融服务可得性有效提升。服务站建成后，符合条件的村民贷款获得率达到 100%。三是建立了村民和金融机构沟通的桥梁。村民的金融需求信息可以提交到服务站，服务站进行信息收集、调查分析、整理反馈，金融知识宣传成为常态。四是带动当地特色产业、实体经济提速发展，普惠金融助推贫困地区整体脱贫致富的作用备受关注、金融精准扶贫有成效。

案例 2　彭镇普惠金融综合服务站

2017 年 4 月 24 日，“宜君县彭镇普惠金融综合服务站”正式揭牌，这是首家正式投入运营的站点。随后，云梦乡、棋盘镇、西村综合服务中心等首批站点陆续投入使用。彭镇普惠金融综合服务站建设按照“基础金融不出村、综合金融不出乡镇”的总体思路，坚持政府支持、市场化运作的原则，由政府免费提供房屋，统一装修，统一招聘工作人员，政府给每人每月 1500 元底薪补助，入驻机构根据业务量给予相应的补贴。各金融机构无偿入驻，目前，入驻服务站的机构有 8 家：1 家物流公司、4 家银行业金融机构、3 家保险机构。实现了金融、物流、电商的有效整合，降低了成本，实现了可持续运营。另外物流的入驻打通了宜君县快递“最后一公里”，为农产品上行和工业品下行打下了坚实的基础。

5.4　农村普惠金融综合服务站实施效果

5.4.1　普惠金融的覆盖率目标——依托服务站搭建金融基础设施实体网络体系

提升覆盖率要求金融机构把网点不断向下延伸，扩大服务半径。未来，宜君县将建立以农村普惠金融综合服务站为中心、普惠金融支付服务点为补充的金融基础设施实体网络体系，确保全县 117 个行政村至少有一个金融服务网点，有效缓解欠发达地区金融网点较少、金融服务不足的问题。

图 5.6、图 5.7 是“农村普惠金融综合服务站”建成前后农民能够享受到金融服务的便利度对比，通过路程、时间充分说明服务站让老百姓从物理距离上贴近了金融。

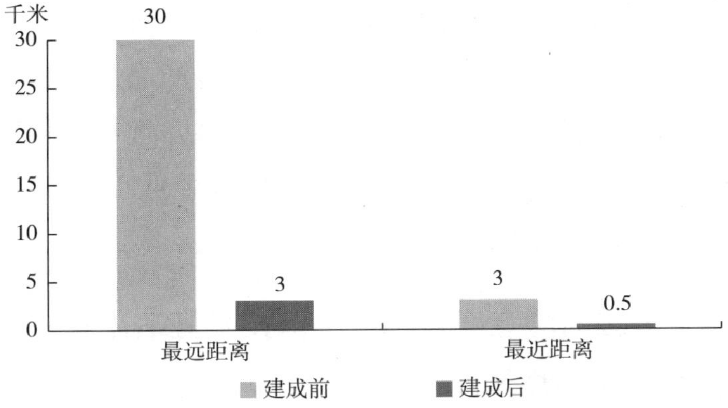

图5.6　普惠金融综合服务站建成前后农民前往当地信用社最近网点路程对比

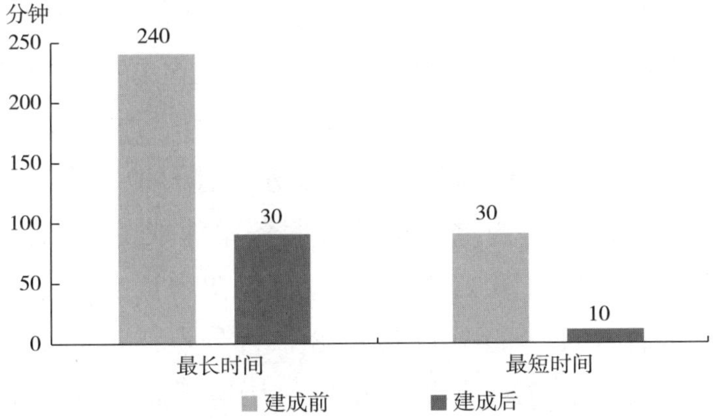

图5.7　普惠金融综合服务站建成前后农民前往当地信用社最近网点所需时间对比

5.4.2　普惠金融的可得性目标——依托服务站实现"基础金融不出村，综合金融不出镇"的目标

可得性就是能够让弱势群体以合适的价格购买到金融服务，首先，应当是便捷金融交易的可获得性，E 终端等金融交易机具的布放让当地群众能够随时完成转账、取现等业务，不用再为了几块钱跑几十公里；其次，应当是资金的可获得性，人民银行在

引导金融机构针对特殊群体创新金融产品的同时，让这些产品都"走进"服务站点，群众可以通过咨询了解产品后，以合适的价格购买，贷款、保险都可以在服务站点及时办理，有效缓解农村地区"融资难"问题，据调查，当地小微企业贷款获得率达到80%、农户的信贷获得率达到100%。

5.4.3　普惠金融的满意度目标——依托服务站让农户参与现代金融，促进地方经济发展

满意度应当包括当地群众的满意度和政府的满意度。其中，群众的满意度主要体现在通过服务站帮助其提升了金融素养、参与了金融市场、获得了金融服务，最终通过金融发展生产、改善生活。

政府的满意度主要体现在通过服务站有力地助推了地方经济发展。据统计，截至普惠金融综合服务站建成的2016年底，全县人民币各项贷款余额11.85亿元，较年初增长19.71%，分别高出全国、全省6.21个百分点和9.78个百分点，带动实现地区生产总值33.11亿元，较上年增长9.5%，增速跃居全市各区县首位，有力助推宜君县脱贫攻坚、追赶超越。此外，普惠金融试点推进以来，"宜君指数"已由20.45上升至35.8。

5.5　模式展望

一、完善相应协调机制

政府引导下的市场化模式，涉及政府、人民银行、金融机构等，需要建立多方协作的机制，充分发挥各自优势和力量共建共享。政府依托行政资源优势，在政策出台、财政补贴、资金投入、

第三方平台引入等方面给予支持；人民银行依托金融管理优势，在业务开办、货币政策工具运用等方面给予倾斜；金融机构依托信贷资金优势，在提升业务办理手续费、精简业务办理流程等方面积极推进。

二、 着力保持供需平衡

可持续问题就是站点本身的供需平衡问题，要实现可持续发展，就需要解决长期供需关系问题，在市场化效应下，只有达到长期供求平衡才能实现可持续化运作。为此，需要从当地群众和市场需求出发，加载站点服务功能、注重供给侧结构性改革盘活站点功能，如金融服务站功能，建立金融产品超市，将适合当地群众的银行、保险产品全部放在站点现场办理。

三、 切实防范各类风险

一是安全风险，由于站点多距离城区较远，防范措施和防范力量较为薄弱，随着站点功能的不断完善，业务机具、现金数量等增加，安全风险加大，需完善监控设施和联防机制；二是诈骗风险，服务站是整个金融服务场所中最薄弱的环节，站点工作人员金融专业能力相对较低，容易被金融诈骗钻空，需要加强站点人员业务能力；三是道德风险，站点工作人员因不属于金融机构人员，缺乏相应制约，在代办金融业务、采集个人信息过程中，面对利益利诱，极有可能侵害金融机构、信息主体等的利益。

四、 大力发展“数字普惠金融”

市场化路径具有逐利性，受成本收益影响，金融机构往往不愿意在偏远地区设点。为此，在建设站点的同时需要大力推进数字普惠金融发展，有效弥补站点覆盖不到的地区，通过优化移动支付环境、推广新型支付方式（网上银行、手机银行、电话银行）、开通银行流动服务车等措施，充分利用数字普惠金融技术，切实提升金融服务的覆盖率、便利性。

五、不断强化金融知识普及教育

站点可持续发展的重要前提是金融市场的活跃性，金融知识普及教育是活跃金融市场的重要举措，同时，站点也是面向当地群众开展金融知识普及的重要载体。为此，需要依托站点持续推进金融知识普及教育，引导当地群众主动学习金融、了解金融、懂得金融、运用金融，营造良性金融生态环境。

第 6 章　农村普惠金融教育“六个一”模式

宜君农村普惠金融教育紧紧围绕县域经济金融可持续发展，按照“统筹规划、集散结合、分类施教、突出重点”的原则，构建“六个一”农村普惠金融教育体系，即围绕一条主线、建立一个规划、打造一批基地、编制一套读本、组织一场活动、组建一支队伍，强化金融设施硬件设立与金融教育文化软体渗入的协同性，普遍提升农民的金融素养，提高其运用金融知识和金融产品改善生产生活的能力，为推动县域经济发展提供不竭动力和智力支持。

6.1　实施背景

6.1.1　农村金融宣传教育的要求

农村金融教育是新时期中国农村金融反贫困战略的重要组成部分，旨在提高农村地区人口金融素质，提高农户对新型金融工具的运用能力，推进农村金融产品和服务不断创新，改善农村金融服务环境，促进贫困农户通过信贷扶持发展致富产业，促进农民收入水平稳定增加。2015 年 12 月，国务院发布了《推进普惠金融发展规划（2016—2020 年）》，提出小微企业、农民、城镇低收入人群、贫困人群和残疾人、老年人等特殊群体是我国当前普惠金融的重点服务对象，应加大对其进行普惠金融的宣传力度。

2019年，中国人民银行等五部门联合发布《关于金融服务乡村振兴的指导意见》，提出要强化农村地区金融消费权益保护，深入开展“金惠工程”“金融知识普及月”等金融知识普及活动，实现乡村地区金融教育宣传全覆盖。近年来，国家行政和财税体制改革重心明显向县域经济倾斜，新农村建设进程加快推进。一方面，农村金融改革不断深入，农村经济市场化程度迅速提高，农村经济对农村金融市场的需求明显扩张，大批新型农村金融机构应运而生，新型农村金融工具不断被推广应用；另一方面，广大农村地区农户金融素质明显偏低，金融工具应用能力薄弱，通过融资发展生产的能力不足，严重制约了国家农村经济发展战略的有效实施。

6.1.2 宜君县“金惠工程”的实践积累

“金惠工程”是由中国金融教育发展基金会于2008年倡导发起的全国性项目，旨在提高西部农村地区的农村金融教育。2015年5月19日，中国金融教育发展基金会、人民银行西安分行、铜川市人民政府三方签订了合作备忘录，明确了将铜川建成“金惠工程”普及区、金融扶贫创新示范区、农村金融生态优质区的目标。铜川市以此试点为机遇，广泛开展金融知识普及教育和培训，大力提升铜川广大农民的金融意识、金融素质。2015年，铜川市政府按照《关于在铜川开展“金惠工程”教育培训合作备忘录》有关内容，确定了铜川全辖22个镇、6个乡、13个街道办事处，543个村委会、57个居民委员会的41万农业人口作为金融知识普及教育和培训的范围和对象，并从积极完善方案设计、健全组织机构、分层推进培训、丰富推广方式、落实保障机制、深化宣传影响等六个方面入手，稳步推进，取得成效。一是铜川市政府制定印发了《铜川市“金惠工程”实施方案》，明确了总体目标，确定了实施步骤；二是成立了由市政府分管金融副市长任组长，市政府分管金融副秘书长、市金融办和人行铜川市中心支行主要负责人任副组长，各区县政府、各有关部门、各金融机构分管负责人为成员的市“金惠工程”工作推进小组；三是完成了150名基层领导干部、70名金融志愿者、15所农村试点中学60名教师、75名农村金融机构从业人员等四个层次的专题培训；四是通过全国贫困地区农村金融教育工作座谈会、铜川市金融大讲堂、专题讲座等多种形式宣讲金融知识、推介金融工具，丰富“金惠工程”实施形式；五是通过建立近400名志愿者队伍、向全市县区捐助500万元金融图书、募集80万元捐助资金等方式，充分保障“金惠工程”顺利实施；六是通过《东西部扶贫协作与定点扶贫专刊》国务院扶贫办内部专刊、《金融时报》、基金会简报等，向贫困地区宣传实施效果和介绍经验。这些实践积累为后续在宜君开展农村普惠金融宣传教育提供了前期的经验。

6.2　宜君县居民金融知识普及现状①

铜川市“金惠工程”通过中国金融教育发展基金会招标，确定由西南财大家庭调查中心设立调查组对实施效果进行第三方评估。2015年12月，调查组指导60名青年志愿者对铜川市所辖2个县区的20个行政村597户进行了“金惠工程”第一轮基准调查。在调查中发现试点前的宜君县居民金融知识普及程度低下，农户金融知识较为欠缺，金融活动参与程度低。

---

① 6.2节数据来源于《陕西铜川“金惠工程”第一轮基准调研报告》。

6.2.1 金融知识普及程度

宜君县居民金融知识普及程度较低。一是金融知识关注度较低。为衡量居民对金融知识的掌握程度，通过考察居民对信息关注、假币和基本金融产品的了解程度发现，铜川市 597 户家庭对经济、金融方面的关注度较低，很少关注和从不关注的家庭超过一半（见图 6.1）。二是不熟悉金融基本业务。从申请贷款程序、权益受损、忘记密码和借钱途径这 4 个方面调查铜川居民的对金融机构基本业务的了解程度。发现有 70% 的家庭不了解向金融机构申请贷款的程序，58% 的家庭借钱途径仅为亲戚朋友，只有 26% 的家庭会使用银行贷款。三是维权意识差。当在金融服务过程中权益受损时，仅有 45% 的家庭会向金融机构求助，而当银行卡丢失或密码遗失时，绝大部分家庭会向金融机构挂失，只有 1% 的家庭会找熟人取回钱。总的来说，铜川居民在遇到权益受损或突发情况时，大部分的居民会正确地向金融机构寻求帮助；但是，从信贷方面来说，居民的金融知识还是不多，对申请贷款的程序不熟，更偏好于向亲朋好友借钱，对金融机构的宣传和正规贷款渠道的宣传应加强。

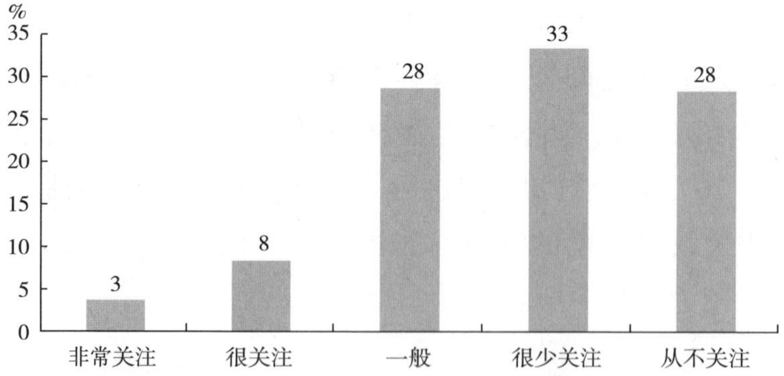

图6.1 宜君居民对经济、金融方面的信息关注程度

6.2.2　市场参与度

宜君居民金融知识匮乏与收入低下，家庭金融市场参与度低。2015 年 12 月，对铜川市所辖 2 个县区的 20 个行政村 597 户家庭进行了调查，从家庭资产看，铜川市 597 户家庭平均总资产约有 29 万元，而金融资产平均只有 1.6 万元。通过评估发现大部分家庭还是以非金融资产为主，非金融资产占总资产的比例为 94%；金融资产只占了总资产中的 6%，其中风险资产占比更少，不到 1%，597 户家庭中只有 4 户家庭拥有风险资产，如股票、债券等。从负债水平看，家庭信贷规模小，居民家庭总负债（银行贷款与民间贷款之和）仅占家庭总资产的 8%。网上银行、手机银行等移动金融普及率不高，只有 26% 的家庭会选择经常使用手机银行。同时，金融生态环境不佳使经济主体参与金融活动程度较低。

6.2.3　风险态度

金融风险偏好较低，普遍为保守主义。风险态度主要从风险指数和风险偏好两方面来分析。如图 6.2 和图 6.3 所示，50% 的宜君家庭不会选择任何风险项目，29% 的家庭会选择略低风险和回报的项目，75% 的家庭是低风险偏好者，这说明了所调查的 597 户家庭对风险大多持保守主义态度。

6.3　金融教育实施思路

构建一套科学完善的农村金融教育体系，普遍提高农民的金融素养，能够让农民主动参与金融、使用金融、享受金融，能够

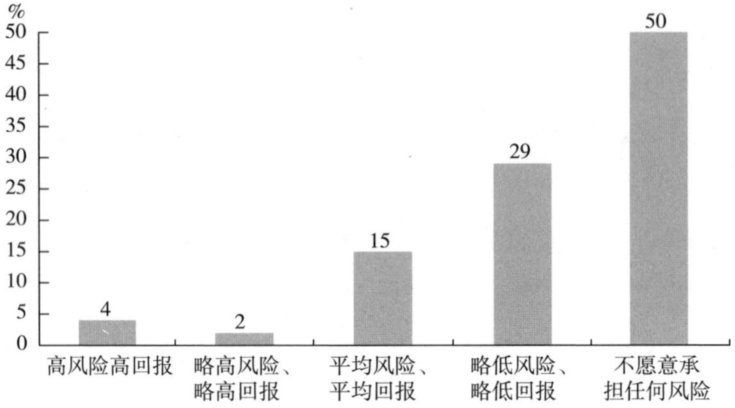

图6.2　宜君居民金融风险指数

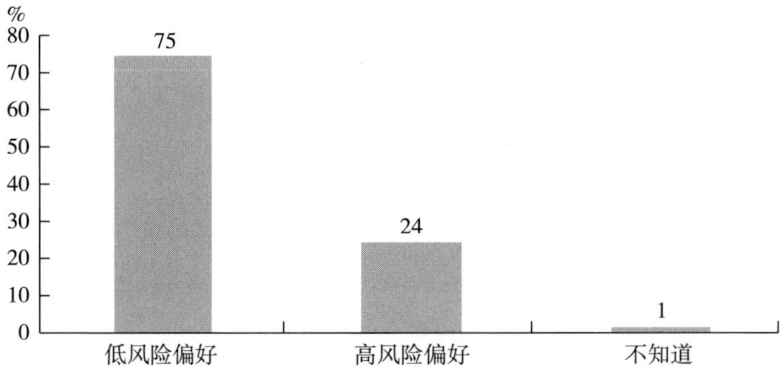

图6.3　宜君居民金融风险偏好

降低金融交易成本、维护县域金融稳定，能够盘活金融市场、增加金融需求，为县域经济金融发展提供智力支持。宜君农村普惠金融教育紧紧围绕县域经济金融可持续发展，按照“统筹规划、集散结合、分类施教、突出重点”的原则，构建“六个一”农村普惠金融教育体系，即围绕一条主线、建立一个规划、打造一批基地、编制一套读本、组织一场活动、组建一支队伍，强化金融设施硬件设立与金融教育文化软体渗入的协同性，普遍提升农民的金融素养，提高其运用金融知识和金融产品改善生产生活的能力，为推动县域经济发展提供不竭动力和智力支持。宜君县普惠金融教育宣传充分结合“金惠工程”试点机遇，将金融教育体系纳入普惠金融试点发展三大体系中，促进金惠工程工作和普惠金融协同发展。

6.4　宜君农村普惠金融“六个一”教育实践

自 2011 年在全国率先启动开展“金融知识普及月”活动以来，人民银行铜川中支积极致力于金融知识普及宣传教育工作，铜川先后被确定为全国“金融知识进农村试点”“‘金惠工程’重点推广区”“农村普惠金融综合示范区试点”，在金融宣传教育方面形成了工作机制，取得了积极成效。

6.4.1　一条主线

“一条主线”就是提高农民金融素养。通过持续实施金融宣教，让共享现代金融的意识深入人心，强化农民“学金融、懂金融、用金融”的意识，使其能够主动运用现代金融工具发展生产、改善生活，享受现代金融带来的红利。一是从金融精准扶贫、农村普惠金融试点建设的规划出发，明确以党的十八届三中全会确立的“普惠金融”理念为统领，以“金融教育 + 信贷支持 + 农户增收”为手段，以低成本、可持续、可复制为要求，到 2019 年初步建成普惠金融体系，实现农民群众金融素质明显提高、辖区信贷投入总量持续增长、各类金融服务水平显著提升、金融扶贫组织体系日益完善的总体目标。二是协调成立由市政府分管副市长任组长，市政府分管副秘书长、市金融办和人民银行铜川市中心支行主要负责人任副组长，各区县政府、新区管委会、市教育局、市农业局、市水务局、市扶贫办、市果业局、团市委、市级各金融机构分管负责人为成员的铜川市“金惠工程”工作推进小组，迅速构建了“政府主导、人行牵头、多方联动”的工作格局，为各项措施顺利推进奠定坚实组织基础。

6.4.2 一个规划

“一个规划”就是金融教育发展规划。依托“金惠工程”“金融知识普及示范点”试点机遇和实践，着力构建一套科学完善的教育体系，分层次、分重点、分步骤地推进农村金融教育。一是分层次施教。农村普惠金融教育培训对象不能仅限于乡镇等基层领导干部，而是要从支持整体脱贫和转型发展的角度，分三个领导层次进行精准施教，即市县级领导干部，主要进行经济金融关联性、现代金融理论与实务、融资工具发展等内容的培训；乡镇级领导干部，主要进行金融产品类型、金融服务方式、融资工具应用等内容的培训；村级领导干部，主要进行金融具体业务操作、相关业务合同要求等内容的培训。二是分群体施教。农村普惠金融教育培训对象不能只泛泛地提出是农村居民，而是要充分考虑当前农村各类居民的现实需求，分四个群体进行精准施教，即产业带头人，主要是结合地方政府有关部门给予的产业发展支持政策，配合开展项目融资、资金汇划、征信管理等方面的宣传培训；返乡创业农民工，主要是在给予创业、专业技术等培训的基础上，开展创业促就业、小额担保贷款、贴息贷款等支持创业融资知识培训；进城务工人员，主要是进行现代支付应用、贷款产品、信用消费等方面的宣传培训；其他务农留守人员，主要是进行假币识别、助农取款服务、金融权益保护等方面的宣传。三是分内容施教。农村普惠金融教育培训内容不能仅简单传授金融知识，而应在不同层次、不同环境传导金融理念、教授金融理论、宣传金融知识、培训金融实务，因此需要分三大类内容进行精准施教，即发展理念类，主要是针对区域经济与金融的发展关系，结合经济金融良性互动的现实案例，向地方党政领导传导现代金融理念，增强对学金融、用金融的认识和理解；金融实务类，主要是针对金融支持经济社会发展的具体操作方式，结合金融应用的良好模式，向政银企等宣传讲授各种可以运用到当地的金融产品与服务方式，提升金融应用能力和水平；风险管理类，主要是针对应用金融过程中可能出现的产品风险、信用风险、信贷风险、非法操作等内容，结合金融应用的现实环境，向各类社会主体培训相应的风险防范、权益保护、奖惩措施、注意事项等。

6.4.3　一批基地

“一批基地”就是普惠金融教育培训基地。采取“1+N”的方式，在宜君县政府设立农村普惠金融教育培训基地“总站”，在每个行政村设立“分站”（乡级由普惠金融综合服务站承担，村级由普惠金融支付服务点承担），按照“金融服务到哪里，金融教育就延伸到哪里”的思路，从贴近群众、贴近生活、贴近服务出发，在全市790个“普惠金融支付服务点”建立金融教育培训站，形成覆盖全部行政村的金融教育实体网络体系。协调金融机构以“专人包点定时”的方式面向村组群众开展金融帮教活动。依托培训基地开展对各级领导干部、基层金融机构从业人员、农户、学生、志愿者等重点层面的培训，提高各级领导干部运用金融工具推动县域经济发展的本领，提升基层金融机构从业人员服务县域金融的水平，增强广大农户使用金融发展生产、改善生活的能力，教会农村学生基本金融知识并带动整个家庭运用金融，强化志愿者提供志愿服务的能力。实现金融宣教市、县、乡、村四级全覆盖。

6.4.4 一套读本

“一套读本”就是普惠金融知识普及系列读本。与陕西出版社合作编制出版《普惠金融知识读本》，按照受众群体不同分为干部版、农户版、学生版，配发、捐赠至各级领导干部、农户、中学。推进金融知识纳入国民教育体系，在宜君县 3 所试点中学开设金融知识普及课程，设置 11 个课时，由中国金融教育发展基金会对授课教师开展集中培训。人民银行铜川中支和市教育局联合印发实施方案，在全市 15 所试点中学面向初中二年级学生开设金融知识普及课程，覆盖 3000 余名学生。在每所学校选取 5 名授课教师作为志愿者担任授课教师，配合基金会完成对教师志愿者全面系统的培训，同时，为每个学校配备 1 名金融志愿者辅助教学。基于试点的实践效果，铜川市政协委员向市政协提交在全市所有中学开设金融知识普及课程的提案。此外，以宜君为试点，拟将开设课程范围扩展到小学。

6.4.5 一场活动

“一场活动”就是普惠金融专题宣教活动。不断优化“宣传 + 培训 + 体验”的宣教方式，结合“金融知识普及月”，按年度组织开展大型专题宣教活动，先后通过开设普惠金融宣传专栏、编制普惠金融系列漫画、组织“宜君普惠金融之夜”文艺巡演、布放金融知识宣传机等，以老百姓喜闻乐见的方式将金融知识渗透日常生活。一是开展丰富多彩的宣传活动，校园金融宣教活动步入常态化。每年利用金融知识普及月、信用记录关爱日、学雷锋纪念日等时间，固定组织开展“金融知识进校园”宣传活动，先后通过“农村小学生金融知识比赛”“阅读中国”、北京师范大学“师秦化义”支教活动、志愿者课堂、捐建校园金融图书角等，以浅显易懂的方式教会孩子基本金融知识，增强孩子学习金融、使用金融的积极性，同时强化金融风险防范意识。二是举办各类文艺表演活动，让金融知识入心入脑。举办“普惠之夜”文艺晚会，并成立文艺队送文艺节目进农村，以歌舞、小品、快板、舞台剧等形式普及金融知识；以“金惠工程”为主题，自编自演小品《乡村金融趣事》，该小品以“掌握金融知识，改变自身命运”为主线，反映了“金惠工程”的实施给小乡村带来的积极变化；协调人民银行总行文联在宜君县举办专场文艺演出，现场送金融书画入农村。三是创新宣传方式，让金融知识学习蔚然成风。注重新媒体融合宣传，组织全市金融机构拍摄金融知识宣传片，充分运用微博、微信、微视频、H5 页面、美篇等网络新媒体普及金融知识；以贴近群众生活的方式进行宣传，开展金融知识网络答题赢流量活动，成立“金融知识普及骑行队”进行骑行宣传，利用“背包银行”宣传，自主绘制 22 幅惠农支付知识漫画等；利用传统媒体宣传，连续多年走进铜川市广播电视台进行金融政策宣讲、金融知识普及，在《铜川日报》开设宣传专栏 18 期。

6.4.6　一支队伍

“一支队伍”就是普惠金融志愿者队伍。针对金融教育受众群体，广泛招纳组建涵盖各级政府干部、金融机构从业人员、教师等在内的普惠金融志愿者队伍，形成基层金融宣教的主力。加强对志愿者的培训，不定期开展培训，有效提升志愿者服务能力。建立激励约束和动态考核机制，对不适宜的志愿者及时淘汰，对优秀志愿者予以表彰。以“金惠工程”为依托，组建 340 人的志愿者队伍，形成基层金融知识宣教的骨干力量。

6.5 案例分析

金融知识进校园

为提升农村居民金融素养，增强金融服务的可得性，宜君县积极开展金融知识教育，并将金融知识教育纳入国民教育体系。一是建立多方合作的工作机制。建立由人民银行和教育部门共同参与的组织体系，联合印发实施方案，明确工作目标、课程设置、教材师资等。二是科学设置教育课程。将授课对象确定为课业压力相对较小、接受能力强、具有一定生活阅历的初中二年级学生；在每所学校选取 5 名授课教师作为志愿者并对其系统集中培训，配备 1 名金融志愿者协助教学；统一配发由中国金融教育发展基金会编著的《金融知识伴我成长》作为课本，同时配套使用《普惠金融知识普及系列读本》；对开设课程的学校和授课教师给予补助。三是定期开展调查和评估。通过编制调查问卷、委托县教育局组织填报，跟踪实施效果，委托中国金融教育发展基金会、西南财大等第三方组织评估教育成效。截至 2018 年末，宜君县已有 3 所中学开设金融知识普及课程，课程设置 11 个课时，学校师生、教育局等均反映良好。

6.6 实施效果

一、金融宣传覆盖面扩大

截至 2018 年末，共开展宣教活动 52 次，宣传培训 3.6 万人次，实现了金融宣教县、乡、村三级全覆盖，农户和基层干部受训超过 80%。通过金融知识的普及教育，广大群众的金融意识和维权意识普遍增强，参与金融活动、运用现代金融工具的能力显著提升。

二、县域金融市场不断活跃

通过金融教育“六个一”工作的开展，各级领导干部对金融的重视度极大增强，支持度不断加大，运用金融知识推动县域经济建设的意识牢固树立，金融教育工作被写进市政府工作报告，纳入县域宜君县全面深化改革项目。广大群众也逐步树立起“学金融、懂金融、用金融”的意识，主动运用现代金融工具发展生产、改善生活。

三、辐射作用增强

依托“金惠工程”实践，铜川市宜君县先后被人民银行总行确定为全国首批“金融知识普及示范点”、全国首个县级“农村普惠金融综合示范区”，铜川市向国务院申请创建“全国普惠金融综合改革试验区试点”。世界银行将宜君确定为“普惠金融全球倡议项目”试点。宜君县将“金惠工程”与人民银行总行定点扶贫、农村普惠金融综合示范区建设有机结合，充分发挥效应合力，有效改善县域生态环境，助推宜君普惠金融试点及县域经济社会发展。金融对县域经济发展的贡献度不断提升。2015—2019 年全市生产总值增幅保持在 6%~11%，全市农户人均纯收入由 2015 年的 8140 元增加至 9289 元，农村消费品零售总额较 2015 年增长 146.73%。

6.7　模式展望

一、坚持金融教育培训与金融基础设施同步推进

在推进金融基础设施建设时，同步推进金融教育培训，实现金融硬件铺设到哪里，金融教育就延伸到哪里的目标，增强基础

硬件设立与文化软体渗入的协同性。依托普惠金融综合服务站、普惠金融支付服务点、村委会等站点健全完善金融教育实体网络体系，让农民可以随时随地获取及时、便捷、准确的金融知识。

二、增强金融教育服务县域经济发展的能力

坚持突出重点、分类施教，不断提升金融教育的针对性。围绕农村经济交易、金融业务办理、农民日常生活等各个环节和领域渗入金融教育，着力增强金融教育的接受度和实用性。围绕县域经济发展需要，拓展金融教育的内容和方式，加强金融领域新产品、新工具、新方式、新模式的培训，着力增强地方政府运用金融带动经济发展的能力。

三、全面推进金融知识纳入国民教育体系

突出农村金融教育中的关键群体，在 3 所试点中学开课基础上，按照“统一教材、统一课程、统一教案”的原则，持续增加开设金融知识普及课程的学校数量，实现县域中小学全覆盖。加强对授课教师的培训，有效增强教授课程的能力和水平，并为每个学校配备金融志愿者辅助教学。修订完善教材，有效增强教材的针对性和实用性。

四、探索开展金融教育效果评估

探索建立金融教育评估指标体系，适时引入第三方机构对金融教育实施效果开展评估，根据评估结果及时改进金融教育内容和方式，切实发挥金融教育提升素养、改善生活、助推经济的作用。

第 7 章　数字普惠金融“五项建设”模式

围绕建设“基础服务村级办理、综合服务乡镇满足、特殊服务及时解决”的数字化、立体化、科技化支付环境，探索推进“五项建设”模式，着力提升农村金融服务的覆盖面、便利性和满意度。即支付环境基础设施建设，完成“两个全覆盖”，实现支付基础保障全域化；支付工具创新推广项目建设，从“三个层面”出发，实现支付创新导向化；“普惠金融支付服务点”升级建设，以“四级管理”为手段，实现惠农支付功能最大化；建设“互联网 + 金融服务”，打造“铜川市普惠金融服务平台”，实现金融服务网络化；移动支付便民项目建设，搭建移动支付应用场景，实现经济生活便捷化。

7.1　数字普惠金融的移动支付含义

7.1.1　概念及含义

《数字普惠金融发展白皮书（2019 年）》中对数字普惠金融定义如下：数字普惠金融是在成本可控模式可持续的前提下，以各类数字化技术为实现条件，为社会各阶层尤其是现有金融体系覆盖不足的城镇低收入人群、农村人口、偏远地区人口等特殊群体以及小微企业提供平等、有效、全面、方便的金融产品和服务。

而加快移动支付创新应用是推动数字普惠金融发展的重要支撑，所谓移动支付是指智能卡、移动通信、电子认证等信息科学技术与金融服务融合发展的产物，能够提供随时、随地、随身的金融支付服务。

7.1.2 实施作用

通过实施农村数字普惠金融，推进农村支付环境建设，可有效促进农村普惠金融发展。一是降低乡村融资成本。农村普惠金融发展的难点在于，乡村经济主体的投资收益低而风险高，难以实现普惠金融的商业可持续性。而数字普惠可为商业金融通过数字技术降低融资成本、提高中小企业和农户等弱势群体金融服务的可得性提供了可行路径。二是缩小城乡金融服务的差距，提升乡村居民金融服务可得性。数字普惠金融通过高科技的手段，可为农村居民提供与城市相同的金融服务，农村居民可以随时、随地、足不出户享受到更便捷、高效的金融产品，大大提高了乡村居民的可得性和便利程度。三是有利于构建更加完善的乡村振兴金融服务体系。乡村振兴金融服务中，数字普惠金融作为一项新兴的金融服务方式，有效缓解了物理网点不达、供需不匹配、农村融资成本高、普惠金融商业不可持续等问题，为助推乡村振兴提供了更加丰富的金融服务方式。

7.2 实施背景

宜君县是一个传统的山区农业县，总耕地面积54万亩，城镇化率为17.9%，在不足10万的人口中有8万左右的农民散居在全县1531平方千米1200多个自然村的沟、梁、山、峁上。受自然禀赋等影响，其金融基础设施建设发展不足。试点实施前的宜君农村普惠金融支付环境存在问题如下。

一、支付服务能力低下

2015年底，宜君县城有涉农金融机构网点6个，9个乡镇银行网点（均为宜君信合的网点），普惠金融支付服务点426个，全县共有20个（旧版行政区划为27个）行政村因为邻近乡镇街道、信号不稳定等原因金融服务点暂未覆盖，总体覆盖率达到83%。截至2015年底，宜君县普惠金融支付服务点的取现交易笔数和金额分别为78710笔、5910.77万元；查询交易为52955笔；现金汇款笔数和金额分别为9420笔、1283.25万元；转账汇款笔数和金额分别为20086笔、6406.39万元；代理缴费笔数和金额分别为166586笔、1089.11万元。自助设备共35台，其中存取款一体机16台、取款机14台、查询机5台，特约商户POS机共126台。

二、普惠金融支付服务点功能不能有效发挥

据调查，宜君县普惠金融支付服务点功能不能有效发挥，主要原因如下：一是农村地区网络信号不稳定，不能有效全覆盖，少数服务点存在有设备无网络的情况；二是后期维护跟不上，存在服务站点机具故障，无法工作现状；三是仍有大部分人对普惠金融支付服务点的金融功能不了解，存在办理金融业务“舍近求远”的现象，这增加了业务办理成本、影响办事效率；四是基层金融工作人员或代理点人员金融服务水平和质量参差不齐，部分人员对机具的功能和操作不能熟练掌握，影响了普惠金融支付服务点的服务形象，进而出现“僵尸点”，业务量极小或常年不发生业务；五是取现不能得到有效满足，支付点为了资金安全，往往留存少量现金储备，接收少量的现金存款，多数为2000元以内，

不能有效满足日常生产生活的取现需要；六是普惠金融支付服务点的布放需要整合规划，前期的服务站点布放主要有金融机构自主选择，同时存在“扎推”和“遗漏”现象，需要做进一步的整合和调整。

三、金融服务便利性不高

调查发现，宜君县支付便利性不高主要存在以下问题：一是布点距离不能满足居民需求。农户前往最近的金融服务点平均需要花 28 分钟时间，最长的达到了 2 个半小时，42% 的人通过摩托车或三轮车到普惠金融支付服务点，同时银行和农信社离住的地方最近，自助银行和服务端最远。居民普遍认为去网点办业务时间成本较大。二是居民对新兴支付接受度低导致交易成本增加。据了解，60% 的居民会选择在营业网点办理转账业务，20% 的人会去普惠金融支付服务点去办理，而只有 10% 的人会选择网上进行，也就是说大多数的居民宁愿花费 1 个小时去金融机构营业网点办理业务，也不适用普惠金融支付服务点、网上银行等新型的支付方式。三是金融机构的服务速度是影响业务办理效率的主要因素，这从一定程度上增加了居民的时间成本。

7.3 移动支付助推普惠金融的可行性

7.3.1 智能手机与移动互联网的普及为中国农村移动支付的发展奠定了介质和网络基础

近年来，我国持续推进互联网普及工作，“提速降费”深入开展。2019 年《政府工作报告》提出，持续推动网络提速降费，推动移动网络扩容升级，让用户切实感受到网速更快更稳定，并提出移动网络流量平均资费再降低 20% 以上的年度工作目标。据工业和信息化部《2020 年一季度通信业经济运行情况》统计，截至 2020 年第一季度末，我国移动电话用户总数已达 15.9 亿户，其中，4G 用户 12.8 亿户，占比达 80.2%，较上年同期提高 4.8 个百分点。中国互联网络信息中心（CNNIC）发布数据显示，截至 2020 年 3 月末，我国农村网民规模达 2.55 亿人，占整体网民的 28.2%，其中 99.3% 为手机网民，互联网普及率达到 46.2%。可见，农村地区智能手机拥有率与移动互联网建设已形成一定规模基础，随着乡村振兴战略的扎实推进，农村基础设施和公共服务短板逐渐补齐，农村地区移动支付市场潜力将逐步释放。

7.3.2　农村支付需求不断增长成为移动支付业务发展的源动力

一是农村居民收入和消费水平在不断提高。国家统计局公布的《2019 年上半年国民经济运行情况》显示，2019 年上半年，农村居民人均可支配收入 7778 元，增长 8.9%，扣除价格因素，实际增长 6.6%，高于人均 GDP 增速 0.7 个百分点，高于城镇居民人均可支配收入增速 0.9 个百分点；全国农村居民人均消费支出 6310 元，实际增长 6.4%，较城镇居民消费支出增速高 2.3 个百分点。可见，城乡居民收入和消费支出水平相对差距正在逐渐缩小。二是需求的多样化对支付服务提出了更高要求。随着农村居民收入的不断增加，农村消费支出结构也由日常生活必需品消费转变为家电、汽车、住房、娱乐、旅游、康养等享受型消费。而且随着农村基础设施的逐步完善，农村电商、快递物流、通村客车等新型支付场景正在加速建立。三是移动支付相较传统金融机构柜面服务群体更加大众化。农村地区居民居住分散、金融网点严重不足，对基础性金融服务的需求大且频繁，多数农民需要到县、乡镇银行网点办理金融业务，获得存款、汇款、转账、理财等金融服务耗费的成本高昂，移动支付却能够突破这一限制，服务于普惠金融重点服务对象——小微企业、农民、贫困人群等。

7.3.3 农村流动人口成为农村地区移动支付推广的中坚力量

随着户籍制度的改革和交通条件的改善，欠发达地区与发达地区间的人口流动越来越频繁，很多农村居民外出务工，长期在城市工作生活，因此催生了一大批思想前卫、具有一定现代金融意识的农村中青年人群。他们学历结构主要以初中和高中为主，在城市生活中较易接触新鲜事物，通过电商购物、社交红包、扫码出行等逐步培养了移动支付习惯，且因与家乡的纽带关系具有强烈个人汇款、转账等支付服务需求。该类人群成为了农村人口中使用移动支付的中坚力量，其对周围人的推荐传导效用也最大。国家统计局发布的《2018 年国民经济和社会发展统计公报》显示，截至 2018 年末，5.64 亿全国农村人口中，农民工为 2.88 亿人，其中外出农民工 1.73 亿人，占到农村人口总数的 30.67%。

7.3.4 移动支付的易用性与有用性是其助推普惠金融服务的核心竞争力

移动支付最显著的特点就是便捷高效、成本低，用户可以随时、随地、足不出户享受到更便捷、高效的金融产品和服务。通过以移动支付为端口向农村提供互联网金融服务，不仅使农村居民能更加便捷地享有丰富多彩的各项服务，如网络购物、公共缴纳、票务订购、保险理财购买以及小额信贷等，而且还大幅降低了信息不对称程度、交易的时间成本和资金成本，有助于解决农户贷款难的问题，提高农村特别是偏远地区的普惠金融服务的可得性。

一是受众广泛。移动支付以互联网为平台，具有覆盖面广、渗透率高的特点，任何地区、任何群体，办理业务不受金融机构网点分布、营业时间等条件限制，农民可以依托手机、电脑等终端，享受足不出户、随时随地随心的金融服务。

二是金融服务成本低。据调查，手机处理银行业务所需要的费用，是面对面处理业务所需费用的1/5左右，是网点和代理点成本的1/35。

三是金融服务种类更全面。移动支付以手机银行、网上银行、第三方支付为平台，可提供类别多样的金融服务。以中国银行手机银行为例，提供的服务包括一般类、理财类、生活类、咨询类业务，其中一般业务有账户管理、转账汇款、存款管理、贷款管理、信用卡、结汇购汇、民生缴费（包括就医挂号、学费、移动通信、养老金、公积金等）、手机取款、二维码转账、跨境汇款等，投资理财类业务包括中银理财、基金、贵金属、债券，保险等，生活服务类包括手机话费充值、火车票预订等，金融资讯类包括优惠商户信息等，日常生活所需支付业务基本都可以通过手机银行进行办理。

四是取代现金交易。移动支付以电子货币形式在账户间进行支付结算，支付过程中不需要现金。尤其是随着移动近场支付的兴起，小额零售领域被有效覆盖，如超市、商场、餐厅、便利店等，通过网络或受理机具，无论是个人对个人，还是个人对商户，都可以进行面对面支付，取代现金支付。

五是新兴电商平台打开扶贫新出路。移动支付渠道将支付、购物和社交紧密联系起来，建立起开放、庞大、信息对称的电商数据平台，让农民在家门口即可买到物美价廉的商品，同时将当地特色农产品上网销售，提高了农产品商品化率和农民收入，增加农村就业，带动扶贫开发。

7.3.5 政策导向形成农村地区移动支付业务发展的东风之势

中共中央、国务院《关于实施乡村振兴战略的意见》中明确提出提高农村的金融服务水平这一重要举措。鉴于支付在金融服务中具有先行性特点，落实移动支付服务在农村地区的普及对于加强农村民生保障、推动精准脱贫和金融普惠、支持农村经济多元化发展具有重要意义。虽然我国的移动支付业务起步较晚，但在人民银行、政府部门、金融机构、银联公司、支付机构、移动服务商的共同推动下，我国的移动支付发展引领世界，二维码支付已全面普及，手机闪付、扫脸支付等新兴移动支付技术也已日臻成熟，人民银行印发的《金融科技（FinTech）发展规划（2019—2021年）》中明确提出“探索人脸识别线下支付安全应用”。艾媒咨询在2019年的调查显示，71.1%的受访商家主要支持以二维码或条形码进行移动支付收款，在各类方式中占比最高。支持智能POS机和NFC支付的受访商家占比分别为43.2%和41.3%，而支持刷脸支付的比例也已达11.6%。而且移动支付还有着农村地区潜在的庞大用户群，业务发展前景相当广阔。市场数据显示，早在2016年，中国移动支付的规模大约是美国的50倍。随着国家政策的正确引导，移动支付平台将应用场景拓展到人们生活圈更多环节，未来移动支付在农村地区的使用将更趋频繁。

7.4　农村地区移动支付业务发展存在的问题和困难

一、农村居民现金消费观念有待转变

目前，农村地区仍以现金交易为主，人们对现金消费方式的固有认识和支付习惯已经根深蒂固，移动支付属于新兴支付方式，而农村地区大部分青壮年劳力外出务工，留守的老人和儿童受教育水平较低，且受传统现金支付习惯的长期影响，对新兴事物的接受度相对较差，担心移动支付不安全，这一传统观念制约着移动支付在农村地区的推广普及。另外，农村小微企业和农村居民的金融意识大多较为薄弱，对移动支付结算服务及其便利性的认知不足，这就需要更长时间来提升农村居民对移动支付等新生事物的认可度。

二、 法律政策及行业规范有待完善

目前，我国在移动支付领域还缺乏完善的法律体系，监管职责也不明确，省级以下人民银行承担着推广移动支付业务的主要职责，却无直接的监管手段，权责不对等，而由于移动支付市场涉及金融机构、第三方支付机构等众多参与方，各方都希望在移动支付产业链中占据主导地位，形成各自金融生态闭环，造成聚不拢、推不动、管不住等不同程度的问题。同时，移动支付参与方的责任与分工缺少明确的法律规定。在移动支付领域中出现诈骗、短信金融欺诈、盗刷等的风险事件时，发生纠纷和侵权难以划分权责。

三、 场景建设步伐缓慢有待加快

农村移动支付当前还处于由政策推动向市场化发展的过渡时期。部分农村地区的移动支付市场尚未被激活，与城市的天然差别，造成农村地区无法像城市那样拥有公交地铁、大型商超、菜场、

停车场等众多贴近日常生活的应用场景。农村地区当前主要支付需求，仅限于附加值较低且支付频率不高的商品支付服务，如小额转账、购买生活用品、水电费、社保费等的支付。强行提供移动支付服务必然造成成本高、效益低的问题，因此支付服务经营主体的资源投入意愿不强。但随着国家乡村振兴战略的逐步实施，农村地区必将旧貌换新颜，农村居民收入的增加，必然刺激金融服务需求大幅上涨，因此农村地区移动支付场景的缺乏也制约着普惠金融的发展。

四、 移动支付安全保障有待强化

网络是一把“双刃剑”，在带来便捷的同时也将加剧信息泄露与诈骗的风险。目前，网络上的各类诈骗短信、形色各异的手机病毒、钓鱼网站的存在，极大增加了移动支付安全风险。不法分子能够利用不同形式的欺诈短信及软件，侵入消费者的手机，盗取消费者的银行卡信息等私人信息。窃取消费者资金现象时常发生，严重影响用户对移动支付安全的信心。为确保自身资金的安全，农村居民更倾向于选择传统的支付方式。

7.5 宜君农村数字普惠金融“五项建设”模式实践

人民银行铜川市中心支行在试点工作中，建设便捷支付应用工程，努力构建“基础服务村级办理、综合服务乡镇满足、特殊服务及时解决”的全方位农村支付服务网络，打造普惠金融支付工作新模式，实现了城乡支付服务一体化发展，完善了农村地区支付基础设施建设，推动了现代化支付工具在农村地区的深入推广与应用，有效满足了农村群众支付服务需求。

一是开展支付环境基础设施建设，完成“两个全覆盖”，实现支付基础保障全域化。为完善宜君县农村地区基础金融设施、改善农村支付环境，持续推进“千点百乡”支付惠农工程，以乡镇ATM建设和农村惠农支付服务建设为重点，明确各个涉农金融机构建设任务、时限和标准，确保每个乡镇有一个银行营业网点，每个乡镇至少有一台ATM设备。宜君县已于2017年底完成银行网点乡级全覆盖、普惠金融支付服务点村级全覆盖，农村地区金融服务的可得性、便利性极大提升。

二是开展支付工具创新推广项目建设，从“三个层面”出发，实现支付创新导向化。面对层出不穷的新型支付工具，结合宜君县农村地区特点，以实际需求和问题为导向创新推进支付体系建设。支付手段层面。积极推进非现金支付工具的应用，并在此基础上，探索推广近场非接触式支付、远程支付、手机闪付、聚合支付等新型移动支付方式。支付设备层面。对现有的惠农支付设备进行更新换代，在实现转账汇款等基本功能的基础上，叠加通信费缴纳、社保提取、信用管家、电费缴纳等功能。支付服务层面。一方面，立足试点地区地广人稀、居住分散的特点，鼓励金融机构充分利用移动网络技术，创新推出“银行流动服务车”“背包银行”等移动金融服务举措。“银行流动服务车”打破传统的营业时间束缚，与银行网点形成积极互补，为辖区所有超过银行网点5千米的行政村提供助农取款业务、电子银行业务、贷款业务、存款利率咨询等金融服务，并针对农产品收售季节特殊支付需求，将营业时间延长至晚上10点。“背包银行”是针对偏远地区金融服务不足问题，为普惠金融支付服务点工作人员统一配备小型验钞机和带密码锁及充电功能的背包，使其可以背着移动惠农支付设备上门为农村老弱病残等特殊群体提供金融服务，服务模式为一天在一个有需求的村集中服务。另一方面，组织引导涉农金融机构开展农企和农民专业合作社对接，提供惠农取款业务、转账汇款业务、电子银行业务、大额取现预约护送及现金汇款业务一站式综合服务。截至 2019 年底，宜君县涉农金融机构共对接 11 个特色农企，开通流动服务车 12 辆。流动服务车在 2019 年共办理惠农支付及转账业务 4250 笔，金额达 0.15 亿元，满足了偏远农户日常生活及农产品收购期间的金融需求。

三是开展“普惠金融支付服务点”升级建设，以“四级管理”为手段，实现惠农支付功能最大化。推行“惠农支付服务分级管理模式”，建立淘汰机制，促进工作规范化、标准化，有效促进各个代理商积极拓展业务，推动全辖业务量显著提升。在行政村层面，对条件成熟的“普惠金融支付服务点”加入电子商务代理和农产品非现金收购功能，建立强化版普惠金融支付服务点——“普惠金融支付电商融合服务点”，借助各涉农金融机构电商平台大力推广宜君特色产业，畅通产品网络销售渠道，打造惠农支付与电子商务融合发展的惠农支付服务模式。在乡镇层面，对“普惠金融支付服务点”进行全方位升级改造，配备专人上岗，在基础支付服务点功能之外实现电子商务代理、信用信息采集、综合信贷业务、金融知识宣传、金融消费保护等各类金融服务功能，升级成为“普惠金融综合服务站”。通过建立“普惠金融支付服务点”“普惠金融支付电商融合服务点”“普惠金融综合服务站”三种类型服务点，建成了“基础金融不出村、综合金融不出乡镇”的基础设施实体网络。建立“人民银行—银行机构—银行网点—普惠金融支付服务点”四级管理模式，通过实施分级管理、完成建档立卡、建立淘汰机制，保障普惠金融支付服务点的健康稳定发展。截至 2019 年底，宜君县已建成普惠金融综合服务站 13 个，普惠金融支付服务点 227 个，其中普惠金融支付电商融合服务点

127 个，实现了全县 117 个行政村的全覆盖。

四是开展“互联网 + 金融服务”建设，打造“普惠金融服务平台”，实现金融服务网络化。积极打造基于互联网的数字化普惠金融服务平台，实现信息共享，有效降低金融服务门槛，扩大金融服务的范围和覆盖面，与银行网点、普惠金融支付服务点错位发展、空位互补。2017 年，自主研发上线“铜川市惠农支付服务平台”，并于 2018 年升级为“铜川市普惠金融服务平台”，该平台实现了所有银行网点、普惠金融支付服务点及征信查询点的查询导航、企业开销户业务指南、企业开户流程追溯等各项金融服务功能。便于用户获得便捷的金融服务，及时掌握辖内外最新金融动态，获取各类金融惠民活动信息，了解实用的金融常识与政策。同时，借助服务平台实现对银行网点、普惠金融支付服务点等的非现场管理，达到支付结算管理水平和效率的双提升。

五是开展移动支付便民项目建设，搭建移动支付应用场景，实现经济生活便捷化。全面贯彻落实“乡村振兴”战略规划，紧密结合“智慧城市”建设，积极协调地方政府、陕西银联、金融机构在移动支付领域开展合作，积极推广银行业标准二维码、手机闪付功能应用，实现移动支付便民服务项目在众多民生领域落地生根，使广大群众享受到现代化支付服务的便利和成果，改善百姓经济生活方式，带动与百姓生活密切相关的公共事业领域和便民服务行业的优化升级。目前，宜君县已在交通出行、公共缴费、餐饮、购物等领域完成多项移动支付项目改造。其中，宜君县“智慧公交”项目于 2018 年 4 月正式启动运行，居民在享受活动优惠的同时，可通过扫二维码、手机闪付及挥卡支付等方式便捷乘车，为居民出行提供了极大便利。宜君主街移动支付综合街区项目完成对宜君县城主街道两侧主要商户开展主扫聚合支付二维码的布设升级，实现云闪付、手机银行、微信、支付宝等全通道支付支持，通过县域核心区域形成广泛影响，截至2019年10月底，合计拓展商户400余户，覆盖了80%以上的主街商户。

7.6 案例分析

7.6.1 案例1铜川市普惠金融服务平台——老百姓的掌上支付业务指南

一、基本情况

人民银行铜川市中心支行以宜君县农村普惠金融综合示范区创新工作为契机，完善农村地区基础金融设施，推广普及新型支付工具，探索打造惠农支付与电子商务融合发展的惠农支付服务模式，努力提高金融服务的覆盖面，增强金融服务的可得性，提升金融服务的满意度，以方便广大群众为目的，自主开发了“铜川市惠农支付服务平台”，后增加企业开户流程追溯、企业开销户业务指引等功能，升级为“铜川市普惠金融服务平台”。

二、普惠金融服务平台功能

查询功能：提供全市农村普惠金融支付服务点的信息查询服务，可根据用户位置自动推送附近服务点，也可通过选择机构、区域、类型进行筛选查看。服务点信息包含具体地址、联系方式、场所照片、服务功能、设备类型等。同时也提供全市所有银行网点、自助设备的信息查询服务。

导航功能：用户在所查询到服务点的地址栏中点击“导航”按钮，即可进行导航服务。点击“带我去”可直接导航至最近的农村普惠金融支付服务点或银行网点。

预约功能：用户在指定服务点的预约栏中填写办理业务日期、联系电话、业务类型及自定义描述后，点击“提交”按钮，发送预约申请。服务点工作人员会即刻收到系统提示，并受理预约。

投诉功能：用户如对服务不满意，可以在服务点信息界面点击“投诉”按钮，涉及该服务点的投诉会发送至其上级单位管理用户，指定时间内未处理的投诉会自动上报至人民银行管理用户。

宣传功能：将政策向导、工作动态、金融知识等方面的视频、图片、文字推送给平台用户。

管理功能：人民银行与金融机构的管理用户可通过后台进行业务信息管理和数据采集、统计、分析等，金融机构的分片管理员需要通过平台定位进行定期巡检，人民银行掌握相关巡检情况，若巡检不到位会自动发出提醒，实现人民银行对农村普惠金融支付服务点的非现场监管。

企业开户流程追溯：银行网点在受理客户申请并审核通过后，由银行网点在“追溯平台”生成1个专属二维码，各个流程环节在接收资料和完成审核后，分别用微信平台扫描二维码，形成节点记录，方便对业务办理情况进行追踪。客户可扫描二维码后订阅办理进度，实时推送最新动态，获取账户核准业务所在节点、办理情况、预计需要的时间等信息。该程序可收集统计各银行办理各业务流程所需时间，方便人民银行了解各金融机构办理业务所需时间，对某节点平均办理时间过长的银行进行警示或督导，以达到提升全市账户核准业务效率、提升企业开户服务水平的目的。

企业开销户业务指引：如客户需要了解企业开销户业务办理须知，可点击“业务须知”，了解相关信息后再选择查询银行网点。

各界面操作方法均为简单的类型选择，不出现繁多的文字，选择要办理的业务类型、账户类型、企业类型后，便可得到对应的业务流程和所需材料等信息。

三、主要创新点

利用智能手机、公众平台以及GPS定位技术，开发出了以导航农村普惠金融支付服务点为核心功能的平台，并在该功能基础上，添加开发更多支付相关服务功能。收集并改编相关金融资料，使其成为通俗易懂的金融知识。

四、业务发展成效

截至2018年末，铜川市普惠金融服务平台共有43000关注用户，月均点击量达15万人次。该系统上线以来，中央人民广播电台、陕西日报、金融时报、华商报、铜川日报等多家媒体对“铜川市惠农支付服务平台”进行报道。2017年11月28日，陕西新闻联播以“全国首家惠农支付服务平台在铜川上线运行”为题对“铜川市惠农支付服务平台”进行了报道[①]，引起网络媒体高度关注，人民日报电子版、央视网、新浪网、西部网等各大网站争相转载。2019年，国务院办公厅《政务公开工作交流》刊载“铜川市普惠金融服务平台”工作经验。世界银行全球农村支付业务主管高度赞扬铜川市普惠金融服务平台。

五、金融普惠效果

“铜川市普惠金融服务平台”打通了金融机构和企业之间、金融机构和群众之间、农村普惠金融支付服务点与农户之间的金融供给与经济需求的多方位对接渠道，实现了政策信息共享，扩大了普惠金融覆盖面，提升了金融服务便利度，疏通了金融消费

① 上线时名为“铜川市惠农支付服务平台”。

权益保护救助网络渠道，极大强化了支付数据采集分析管理能力，有效完善了铜川市金融基础设施。

7.6.2　案例 2 峁梁上的背包银行——惠农支付上门服务

一、基本情况

宜君县地属子午岭桥山山系，地势西南高而东北低，自西向东呈阶梯状，仅东与东北部分为破碎黄土高原。地形以丘陵沟壑为主，大部分自然村位于黄土梁峁丘陵区，交通不便、地广人稀。宜君县有 117 个行政村，223 个农村普惠金融支付服务点，于 2016 年已完成行政村全覆盖，然而自然村与自然村之间间隔较远，且自然村居民弱势群体居多，天然的梁峁丘陵给这些居民获得金融服务带来了很大的障碍。弱势群体的生活保障以国家补贴为主，找人在普惠金融支付服务点代领取不安全，自行前往普惠金融支付服务点也并不方便。

二、主要做法

为了解决弱势群体的支付需求，中国人民银行铜川市中心支行在 2016 年发布了《铜川市农村支付“互联网 +”建设工程实施方案》《铜川市宜君县农村普惠金融综合示范区支付工作试点实施方案》，两份方案中均提到“提供特殊服务，满足不同需求：充分发挥基于移动网络的‘E 终端’等惠农支付设备的优势，组织普惠金融支付服务点工作人员上门为农村弱势群体等特殊群体群众提供上门服务”。中国人民银行铜川市中心支行设计了统一的惠农支付上门服务业务登记簿，并为各普惠金融支付服务点代理人提供了小型验钞机、带密码锁和充电功能的背包，普惠金融支付服务点代理人采用定期或预约方式为弱势群体提供上门服务，业务范围与普通普惠金融支付服务点业务一致，取款、现金汇款、转账、补贴领取均可实现。

三、主要创新点

利用基于移动网络的新一代惠农支付设备，将惠农支付的业务范围由固定场所拓宽至行政村的所有区域，大大提高了弱势群体所需支付服务的可得性和满意度，而且由于农村普惠金融支付服务点代理人大多为商店老板，因此他在上门服务的同时还可以提供送货、销售米面油等生活必需品服务，促进商店销售主业。

四、业务发展成效

截至 2018 年末，宜君县所有的惠农支付服务设备均更新为使用移动网络的新型设备，理论上所有的农村普惠金融支付服务点代理人都可以提供惠农支付上门服务，通过对上门服务业务的区别标识，惠农支付上门服务的月均交易笔数交易额度分别为 330 次、4.83 万元，远高于宜君县农村普惠金融支付服务点的月均交易量 127 次、2.18 万元。

五、金融普惠效果

从建设便捷高效的金融基础设施体系出发，大力推进“移动金融”，实现“基础金融不出村、综合金融不出乡镇”，金融服务的覆盖率、可得性和满意度不断提升。

7.7 模式展望

坚持以“五项建设”为总体框架，继续加大力度，开拓创新，不断深化支付环境基础设施建设，推动金融机构合理布局银行网点、自助机具及普惠金融支付服务点。积极响应乡村振兴战略，推动金融机构积极参与农村支付环境建设，不断丰富农村支付服务主体。推动数字化普惠金融的深入实践应用，实现支付业务规范化管理，方便群众随时随地获取金融服务。主动建设移动支付便民示范城市，为经济社会转型发展提供便捷支付保障。

一、推动银行网点标准化建设，探索银行服务模式创新

积极引导和鼓励金融机构优化中心乡镇、产业园区、农房集聚区等区域的网点布局，以宜君县农村信用合作联社普惠金融标准化网点为模板，在银行网点设立金融知识宣传机、普惠金融绿色信贷专区等，打造一批普惠金融标准化网点，并逐步进行升级改造。鼓励金融机构在银行营业网点布放智慧柜员机、硬币/现金自助兑换机等新型设备，结合宜君县实际情况，逐步探索无人银行、智慧银行等创新发展模式。

二、支持自助机具推广应用，降低机具投入及使用成本

积极引导银行业金融机构加大对大型居民社区、产业园区、农房集聚区、工业园区的金融机具布放，推广布放查询机等简易型自助金融设备。积极争取财政资金予以补贴，支持银行业金融机构在农村地区布放ATM、POS机及自助柜员机等机具。培养农村居民使用电子金融工具的习惯，提高ATM、POS机等机具设备的利用率。探索以地方财政、银行业金融机构共担等方式减免铜川地区跨行取款手续费。

三、拓展普惠金融支付服务点功能，有效加强风险管控

推动金融机构电商平台与普惠金融支付服务点进行有效对接，大幅度提升“普惠金融支付电商融合服务点”占比，充分挖掘可上线的特色产业和产品，实现惠农支付电商业务种类和数量的快速增长。推进普惠金融支付服务点机具设备的更新换代，接入水电、通信、社保等基础生活缴费及电商代理功能的运用，加强对服务点代理人的基础业务及新业务培训，将普惠金融支付服务点逐步升级成为集金融服务、信用信息采集、金融知识宣传和

金融消费权益保护救助于一体的综合站点。借助普惠金融服务平台，通过数据采集、信息录入、GPS定位等方式实现数据监测、定期巡检、异常分析等功能，实现对普惠金融支付服务点的非现场监管，进一步强化风险管控。

四、深化“铜川市普惠金融服务平台”建设，践行数字化普惠金融理念

着力将服务平台构建成具有简单便捷的操作方式、详细准确的服务点信息、简洁明了的业务操作指南、切实有效的预约投诉管理、及时全面的金融知识与动态以及惠民活动信息推送等便民功能的“互联网+金融服务”平台，让信息多跑路，让百姓少跑腿，最大限度地方便百姓，进一步激发百姓金融需求，有效扩大金融服务覆盖面，提升金融服务效率。在普惠金融支付服务点建档立卡、分级管理的基础上，利用服务平台进行数据采集和信息管理，打通金融业务网络投诉渠道，从而进一步强化金融业务非现场管理手段，有效提升普惠金融工作的规范化管理程度。

五、全面实施移动支付便民工程，推动城乡支付服务一体化发展

紧密结合“智慧城市”建设，深入践行“支付为民”理念，充分发挥宜君县试点引领作用，积极推动移动支付在全市便民领域的广泛应用，鼓励银行机构开展个人业务创新，提高移动支付便民服务水平。深化地方政府、人民银行、银行业金融机构、银联以及收单机构的合作，充分挖掘优势资源，积极推动移动支付在交通出行、医疗健康、校企园区、公共交费等重点行业和便民场景的应用和推广实现大的突破，努力打造全市智慧、便民的金融生态环境。

第 8 章 “宜君指数”

为了监测宜君县普惠金融进展，评估普惠金融发展成效，人民银行铜川中支调统科以宜君县普惠金融“三大体系”任务为目标，从基础建设体系、金融服务体系、金融教育体系、支持经济发展四大维度出发，同时结合普惠金融的核心思想内容，建立了包含 33 个具体指标的宜君县农村普惠金融评估指标体系，并在此基础上，运用层次分析综合评级方法最终计算形成评估宜君农村普惠金融发展的“宜君指数”。

经过定期评估宜君县农村普惠金融发展情况，各项指标数据显示，宜君县地区金融的可获得性、便利性均得到了显著提升，普惠金融助推县域经济发展成效明显增加。“宜君指数”由基期（2015 年末）的 18.45 上升到 2018 年末的 52.93。

8.1 “宜君指数”含义

“宜君指数”即宜君农村普惠金融发展评估指数，是为监测宜君县普惠金融进展、评估普惠金融发展成效而自主创设的综合评估指标。按照“基于发展，突出特色，综合量化，科学验证”的思路，围绕人民银行总行试点方案批复的试点内容，以宜君实践为基础，突出宜君农村普惠金融发展特色，从金融服务、基础建设、金融教育、支持经济发展四大维度出发，创新设置 33 项四级指标，并在科学验证指标体系合理性的基础上，采集数据，运用层次分析综合评价的方法最终计算得出宜君普惠金融发展评估指数——“宜君指数”。

8.2 宜君农村普惠金融指标体系

8.2.1 指标体系设计现状

国际上正积极建立普惠金融评估指标体系，要求各国针对普惠金融发展作出明确承诺，中国也在担任二十国集团（G20）轮值主席国期间，对《G20普惠金融指标体系》进行了升级，增加了数字普惠金融领域的新指标。我国的普惠金融已纵深发展至县域，因此，县域普惠金融的发展至关重要。根据人民银行等七部委联合印发的《关于全面做好扶贫开发金融服务工作的指导意见》相关要求，到2020年，宜君县金融服务水平需接近全国平均水平，并初步建成全方位覆盖宜君县各阶层和弱势群体的普惠金融体系。铜川市宜君县作为人民银行总行在中西部地区设立的第一个农村普惠金融综合示范区，基于试点建设研究宜君县普惠金融指标体系具有现实参考价值。随着普惠金融的发展在我国的不断推进，普惠金融指标体系的设计也上升为相当重要的工作内容，四川、福建、浙江、吉林、陕西等地均提出了不同的普惠金融指标体系，从不同的角度出发，参考G20框架普惠金融的设计指标确定各省的普惠金融指标体系，经总结发现，现行的普惠金融指标体系均系全局出发，制定出了较为统一的普惠金融指标体系，但是针对县域的专项普惠金融指标体系较少，并且在指标体系的设计过程中没有充分考虑地区发展程度及普惠金融的发展情况。

县域普惠金融的评估体系基本都是参考上级指标进行的，但采用这样的评估指标体系，忽略了地区之间的差异，对普惠金融发展的状况监测并不科学，并且可能会因为指标数值的影响对普惠金融后续的发展方向产生错误的指导。

8.2.2 宜君县县域指标体系设计的特殊性

宜君县县域普惠金融的发展不同于发达地区，为有效评估宜君县普惠金融发展的情况，需要了解不同经济发展程度下普惠金融发展的特点。在前期宜君县农村普惠金融试点工作的实践经验上，经过大量的调查及探索，结合县域普惠金融发展的特征，总结出建立宜君县普惠金融评估指标体系的特点。

一、 整体发展滞后使发展评估指标体系需要充分考虑短期和中长期目标区别

宜君县县域整体发展不足，金融发展亦非常缓慢，尤其是当前普惠金融发展不平衡，欠发达地区与发达地区的普惠金融发展路径不同，各个时期发展的重点也不同，因此，设计评估指标体系评估普惠金融发展的时候需要充分考虑普惠金融不同时段的指标选取。发展评估主要目的在于对普惠金融发展的动态监测，短期来说，更重要的是以评估普惠金融工作成效为主，而对普惠金融的发展程度反映要求较低。因此，在建立评估指标体系的过程中需重点反映那些当前工作任务的指标，这样更能客观反映普惠金融的进展情况。

二、 金融需求和供给的严重错配使政策类指标需充分

宜君县贫困人口众多且金融机构缺乏，现有的金融机构难以全面、有针对性地满足这些地区的金融需求，农户或企业贷款需求与金融机构风险控制的矛盾以及农产品周期与支农再贷款期限的矛盾等都是现实存在的问题。同时，随着金融业的发展及普惠金融的不断推进，农民对金融业的信贷产品提出了新的要求，在此过程中，产生的担保、信用修复、农业保险等都是普惠金融发展过程中需要解决的问题。因此，在普惠金融发展评估指标体系的设计过程中，应充分涵盖此部分的内容，有效反映推进普惠金融进程中，与之匹配的相关政策、体制的建立情况，而这些政策和体制的建立将进一步推动普惠金融不断发展。

三、基于对满意度需求的侧重点不同对指标体系提出的要求

金融服务满足性指的是居民对自己所获得的金融服务的满意程度，最能直观地表现居民获得金融服务的质量，对于农村普惠金融来说最终的目的就是提高居民对金融服务的整体满意程度。以宜君县为例，通过设计问卷进行调查，农户及小微企业对金融获得的便利性、金融环境、整体满意程度普遍不高，贷款审批的效率、柜台业务办理的效率这些都是影响个人和企业整体满意度的重要指标，作为普惠金融发展的重要内容，这部分的指标应涵盖进去，监测相关服务的获取程度，提高居民的满意程度。

四、低的覆盖率对基础服务指标提出的要求

宜君县县域地广人稀是非常显著的特点，宜君县人口密度仅为65。在推进普惠金融的过程中，由于县域普惠金融发展整体滞后，前期普惠金融的发展更注重基础性服务的提升。比如，相比移动普惠金融的便利需要做大量的前期准备工作来说，贫困县域的普惠金融推动主要还是通过铺设实体网店、建立综合服务站等方式提高便利程度；相比于金融的支持程度，当前的金融教育是提升居民金融素质的直接途径；通过提高县域金融基础设施的覆盖率提高县域居民服务的可得性和便利性，通过金融教育提高整体居民使用金融工具的能力，这些都是当前区别于发达地区普惠金融发展对基础服务提升的要求，因此，在当前评估过程中应充分考虑相关指标的设立。

8.2.3 选取指标的原则

一、一般性原则框架下普惠金融指标体系原则细化

建立一套行之有效的评估指标体系，首先应该满足指标体系的一般性原则，因此，宜君县县域普惠金融指标体系的设计也应遵循最基本的指标体系设计的原则，并且在其基础上要体现宜君县普惠金融发展评估的特色，因此需在一般性原则框架下，根据宜君县普惠金融发展的特点，细化宜君县县域普惠金融指标体系所遵循的原则，同时指出普惠金融指标体系在设计过程中应注意的事项（见表 8.1）。

从目的性原则来看，宜君县普惠金融指标体系以评估目的为导向，以推进普惠金融工作实践为指导。衡量普惠金融的三个维度分别是金融服务的可得性、金融服务的使用情况、金融产品与服务的质量。综合考虑，在评估指标体系建立过程中，充分考虑人民银行总行批复的试点文件的要求，将总行的目标任务和宜君县农村普惠金融的发展实际结合起来。结合普惠金融实施目标：一是构建满足需求的普惠金融服务体系，通过丰富普惠金融产品，着力改善农村地区“融资难”问题，显著提升金融精准扶贫成效；二是打造普惠金融教育体系，实施“宣传 + 培训 + 体验”金融知识普及教育模式，显著提升农民金融素养；三是建设便捷高效的金融基础设施体系，推进农村支付环境和信用环境建设，显著提升弱势群体金融服务可得性。将目标内容进行量化，用以衡量普惠金融的进展所取得的成效。

从全面性原则来看，考虑普惠的核心与参考指标的选取。在评估指标体系的设计过程中，充分糅合三大体系内容，涵盖金融可得性、便利性等因素。采用分层次的指标设计方法，设计多层次、涵盖范围较广的指标体系，并且对符合普惠金融发展的核心要求（可得性、便利性等）的指标进行综合选取。

从指标体系数据的可得性、可操作性等来看，在指标设计过程中，要注意数据的可得性，鉴于数据来源于农村基层的群体，在选取指标时要对数据的可得性进行分析，充分调研、精确描述相关指标的来源和取数原则，这样才能保证各项指标数据的完整和准确性。

从科学性原则来看，宜君县县域普惠金融指标体系的设立应区别全国的指标体系的选择，充分体现宜君特色。宜君县普惠金融的指标体系设计最主要的内容是要结合农村普惠金融的发展去设计评估指标体系，在前期的发展进程中，需要充分考虑宜君县普惠金融发展的劣势内容。普惠金融的工作要结合具体地区的具体特点进行，这也限定了评估体系的指标应表现出农村的特色，比如农村电商的引进、具有特色的金融综合服务站个数等指标，所选指标都是要能够体现普惠金融发展的实际。

从系统性原则来说，在指标体系指标选取的过程中，应避免同时选取具有相关关系的指标，确保指标数据不重、不冗，层次指标内部的相关性要充分显示上级指标的情况，不能出现非本层次内的指标体系被涵盖在内的情况，整个指标体系要体现系统上的统一与合理性。

从可比性原则来看，评估指标体系用于评估普惠金融一段时间内的发展变化，以宜君为例，最终是通过计算“宜君指数”来反映普惠金融工作进展情况，其评估方法和模型构建具有可持续性和开放性，因此，可应用于不同地方同一时点、同一地方不同时间段的评估指数计算和比较，具有较强的应用推广价值和现实可能。在实践中，一是可以直接应用于欠发达地区的普惠金融实践评估；二是通过个别指标、权重修改，可以应用于全国某项区域金融改革工作实施效果评估；三是“宜君指数”的模型可以应用于任意专项工作推进评估；四是可以用于对某项工作全国进展情况的比较分析。

表8.1 指标体系设计应遵循的原则和注意问题

一般指标体系需遵循的原则	普惠金融评估指标体系遵循原则	宜君普惠金融指标体系设计应注意问题
目的性原则	评估普惠金融进展情况	以评估普惠金融成效目的为导向，监测普惠金融进展情况
全面性原则	涵盖指标较为全面	三大体系原则，涵盖金融可得性、使用情况、服务质量等
可比、可操作、可量化	不同地区、不同时间段的普惠金融进展情况的可比性	数据可取、方法可持续、评估结果可对比
科学性原则	普惠金融指标体系的合理性原则	体现宜君县县域普惠金融指标体系特色
系统性原则	框架与指标之间的协调性关系	合理的框架结构，选择的子指标层内部具有差异性

二、 基于宜君实践的普惠金融发展评估指标体系设计

综上普惠金融指标体系设计的原则，在充分参考 G20 及全国设计的指标体系，重点突出宜君县普惠金融发展特点，结合人民银行总行《关于开展陕西省铜川市宜君县农村普惠金融综合示范区试点的批复》的相关要求，最终确定出宜君县县域普惠金融指标体系。通过建立结构框架、设计具体指标元素，最终建立的宜君普惠金融发展评估指标体系（见表 8.2），具体以“三大体系”任务为目标，从基础建设体系、金融服务体系、金融教育体系、支持经济发展四大维度出发，同时结合普惠金融的核心思想内容，建立了包括万人拥有自助服务设备数、自助服务设备使用率、电子银行使用率、累计发放扶贫贴息贷款、累计发放扶贫再贷款、涉农贷款比例、农户

贷款不良率、信用户占比、信用修复贷款发放农户数、信用修复贷款发放量、金融知识宣传站个数、志愿者村级覆盖率、志愿者培训次数、金融知识宣传覆盖人数、金融精准扶贫带动及服务人数等33个具体指标的宜君县农村普惠金融评估指标体系，并对计算方法、指标解释及取数部门进行了界定和说明。

表8.2　宜君县普惠金融发展评估指标体系

<table>
<tr><th>一级指标</th><th>二级指标</th><th>三级指标</th><th>四级指标</th></tr>
<tr><td rowspan="21">普惠金融评估指标体系</td><td rowspan="6">基础建设体系</td><td rowspan="3">硬件设施</td><td>111 万人拥有自助服务设备数</td></tr>
<tr><td>112 综合服务站村级覆盖率</td></tr>
<tr><td>113 电商实体店数量</td></tr>
<tr><td rowspan="3">支付情况</td><td>121 自助服务设备使用率</td></tr>
<tr><td>122 电子银行使用率</td></tr>
<tr><td>123 电子银行对接农企数量</td></tr>
<tr><td rowspan="16">金融服务</td><td rowspan="3">政策支持</td><td>211 累计发放扶贫贴息贷款</td></tr>
<tr><td>212 累计发放扶贫再贷款</td></tr>
<tr><td>213 创业担保贷款</td></tr>
<tr><td rowspan="7">信贷支持</td><td>221 涉农贷款比例</td></tr>
<tr><td>222 小微企业贷款比例</td></tr>
<tr><td>223 小额担保贷款比例</td></tr>
<tr><td>224 农户申贷获得率</td></tr>
<tr><td>225 小微企业申贷获得率</td></tr>
<tr><td>226 金融精准扶贫贷款比例</td></tr>
<tr><td>227 建档立卡贫困户户均贷款余额</td></tr>
<tr><td rowspan="6">金融环境</td><td>231 农户贷款不良率</td></tr>
<tr><td>232 信用户占比</td></tr>
<tr><td>233 企业信用档案建档率</td></tr>
<tr><td>234 信用修复贷款发放农户数</td></tr>
<tr><td>235 信用修复贷款发放量</td></tr>
<tr><td>236 农业保险普及率</td></tr>
</table>

续表

一级指标	二级指标	三级指标	四级指标
普惠金融评估指标体系	金融服务	服务质量	241 金融消费投诉办结率
			242 柜台业务办理效率
			243 贷款审批效率
	金融教育	基础配置	311 金融知识宣传站个数
			312 志愿者村级覆盖率
		宣传教育	321 志愿者培训次数
			322 金融知识宣传覆盖人数
	支持经济发展	居民生活	411 农村居民人均纯收入
			412 存款占GDP比重
		带动发展	421 创业促就业人数增长
			422 金融精准扶贫带动及服务人数

8.2.4 指标体系合理性验证

宜君县县域普惠金融指标体系的建立是否合理，需要进行验证，这样才能确保指标体系能够实现设计者的设计目标，宜君县普惠金融指标体系从定性和定量两方面来考虑，因此在合理性验证需要从以下两个方面来进行验证。

一、 定性角度

从定性的角度来看，指标体系的设计是否合理，主要从以下几个方面进行审查：一是确定使用的指标体系分析评估的目的能否达到；二是设计的指标是否切合贫困县域发展的实际；三是设计的指标是否科学。从宜君普惠金融发展评估指标体系的建立来说，指标体系中三大体系的设计符合当前宜君县普惠金融发展的实际，同时也满足人民银行总行批复宜君普惠金融试点的相关要求。从基础设施建设、金融服务、金融教育三大维度来建立下层指标体系具有指导性，并且能够全面、直观地反映普惠金融试点工作进展情况，发挥实时监测、动态把握、提供决策参考的作用，也可为宜君县县域普惠金融发展提供参考。本指标体系在设计的过程中对每项指标的计算方法、指标解释及取数方法都进行了界定和说明，同时将支持经济发展的维度纳入普惠金融评估的体系中，成为人民银行与地方党政、相关金融机构交流的平台，综合考量和体现试点工作对区域经济发展的作用，整体的指标体系更具科学性。

二、 定量角度

普惠金融指标体系的建立目的是评估指标体系的工作成果，不仅要从定性的角度进行界定，更要从定量的角度对指标体系进行合理性的检验。从定量方面来看，一般来说，一套指标体系的判断没有定量化的统一标准，但一套系统的评估指标体系的好坏，至少要符合以下特点：一是整体指标体系系统稳定；二是指标体系的合理性必须符合同一上层指标内的各项指标数据相关性较高，而同级的指标体系之间要充分避免内部指标的高度相关性。从已建立的宜君普惠金融发展指标体系来看，以 2015 年末数据为基准，按季度收集了 9 期数据，一是对评价数据进行差异度分析，通过计算检验了指标的可靠性和稳定性发现，指标体系可靠性达 0.745，说明整个评估体系可靠性较强；二是通过对指标体系指标内和指标间的相关性进行检验，发现同一层次结构紧密，不同层级指标间的关系较小，从而说明指标体系选取较为科学合理；三是为了检验发展评估指标体系的时效性，采用综合评价的方法对试点期间的效果进行了评估形成“宜君指数”，经计算，宜君指数由基期的 18.45 上升到 2018 年末的 52.93，季度指标数据稳步上升，数据稳定性强，评估均处于有效范围内。整体的指标体系的定量验证也说明宜君普惠金融发展指标体系的建立比较合理。

8.3 “宜君指数”计算方法

8.3.1 综合评价方法介绍

在宜君普惠金融指标体系的基础上，采用综合评价的方法计算“宜君指数”。具体方法如下：

第一，对各指标进行重要性赋值。采用分级两两相互比较的专家打分法，结合具体实际对四个层次具体指标进行重要性赋值，采用相对尺度，减少性质不同因素相互比较的困难，提高准确度和合理度。

第二，计算各指标权重。构造判断矩阵 $A=(a_{ij})_{n*n}$，利用和积法将判断矩阵归一化得出特征向量 $w=(w_1w_2, \cdots w_n)^T$（即权重系数），将特征向量归一化。最大特征值 $\lambda=\frac{1}{n}\sum_{i=1}^{n}\frac{(A_w)_i}{w_i}$ 必须经过一致性检验。

第三，使用加权求和的方法，计算得出“宜君指数”，具体使用 $\sum_{i=1}^{4}b_j c_{ij}$ 加权计算具体数值。同时在加权求和之前，对数据进行标准化，避免大数稀释小数的情况出现，同时也避免了数据波动较大对宜君指数的冲击。

8.3.2 实例分析

2017 年宜君普惠金融发展情况分析——“宜君指数”应用

为全面反映试点进展情况，及时监测试点推进中存在的问题，从金融服务、基础建设、金融教育、支持经济发展四个维度出发创设“宜君指数”。以下从金融服务、基础建设、金融教育、支持经济发展四个指标维度进行具体分析说明。

一、“基础建设”维度分析

试点期间，基础建设指数从22.90上升至40.32。表8.3显示了基础建设指数项下三级、四级指标具体变化情况。

表8.3　基础设施建设维度指标数据

三级指标（指标数据）①			四级指标（原始数据；指标数据）②		
指标	试点前数据	当前数据	指标	试点前数据	当前数据
硬件设施	17.91	20.97	111　万人拥有自助服务设备数（个）	38	40
			112　综合服务站村级覆盖率（%）	0	3.4
			113　电商实体店数量村级覆盖率（%）	5.7	10
支付情况	25.36	49.92	121　自助服务设备使用率（%）	38	45
			122　电子银行使用率（%）	21.46	37.13
			123　电子银行对接农企数量（个）	12.5	77

从上述指标变化情况可以看出：通过建设便捷高效的金融基础设施，金融服务辐射半径不断扩大，金融服务的覆盖率和便利性显著提升。一是硬件设施建设整体呈现稳步发展态势，特别是通过大力推进“五站统建、五员一体”的普惠金融综合服务站建设，有效带动了站点村级覆盖率突破发展、电商实体店数量村级覆盖率翻倍增长、自助服务设备布放逐步满足实际需求；二是农村移动支付环境不断改善，通过大力发展数字普惠金融，推广网上银行、手机银行、电话银行等新型移动支付方式，建设“峁梁移动银行”，居民支付工具使用偏好有所改变，自助服务设备使用率稳步增长，电子银行使用率大幅增长。

同时，该指标变动情况也提示：一是金融与经济对接力度仍

① “三级指标”指标数据为四级指标按照加权计算得出的数据，下同。
② “四级指标”指标数据为原始数据经标准化处理后的数据，下同。

需加大，充分发挥金融服务实体经济、服务农企的作用，推动农业发展方式转型升级；二是村级金融服务站点建设仍需推进，构建更为完善的金融服务实体网络体系，盘活站点服务功能，提高站点使用率；三是数字普惠金融发展仍相对缓慢，虽然电子银行使用率增长较快，但与其他地区相比仍处于相对较低水平，有极大的提升空间。

二、“金融服务”维度分析

试点期间，金融服务指数 30.21 增长至 115.63。表 8.4 显示了金融服务指数项下三级、四级指标具体变化情况。

表8.4 金融服务维度指标数据

三级指标（指标数据）			四级指标（原始数据；指标数据）		
指标	试点前数据	当前数据	指标	试点前数据	当前数据
政策支持	20.27	35.56	211 累计发放扶贫贴息贷款（万元）	0	21.36
			212 累计发放扶贫再贷款（万元）	50	66.67
			213 创业担保贷款占比（%）	1.55	2.1
信贷支持	39.66	50.12	221 涉农贷款比例（%）	45.58	66.67
			222 小微企业贷款比例（%）	5.47	9.92
			223 小额担保贷款比例（%）	3.48	3.82
			224 农户申贷获得率（%）	91.29	100
			225 小微企业申贷获得率（%）	100	100
			226 金融精准扶贫贷款比例（%）	4.84	6.9
			227 建档立卡贫困户人均贷款余额（万元）	1	1.37
金融环境	20.88	342.47	231 农户贷款不良率（%）	-9.73	-9.01
			232 信用户占比（%）	87.38	54.89
			233 企业信用档案建档率（%）	6.94	90
			234 信用修复贷款发放农户（户）	0	587.8
			235 信用修复贷款发放量（万元）	0	1975
			236 农业保险普及率（%）	3.74	92

续表

三级指标（指标数据）			四级指标（原始数据；指标数据）		
指标	试点前数据	当前数据	指标	试点前数据	当前数据
质量	30.38	40.65	241　金融消费投诉办结率（%）	100	100
			242　柜台业务办理效率（%）	18	29
			243　贷款审批效率（%）	14.28	28.60

从上述指标变化情况可以看出：通过构建满足需求的金融服务体系，信贷障碍不断减少，金融服务的可得性大幅提升。截至2017年12月末，宜君县人民币各项贷款余额13.12亿元，同比增长10.72%。一是各方政策合力初现，相互配套的金融政策、财政政策初步建立，相互撬动的信贷资金、财政资金发挥作用，但政策、资金的落地力度仍需加大。二是信贷支持金融精准扶贫效果明显，随着金融精准扶贫措施安排的逐步落地，“央行政策工具+政府补贴担保+机构精准投放+信用工程建设”政策组合拳的持续推进，涉农和小微企业贷款持续增长，特别是贫困户等特殊群体的信贷可得性极大提升。值得关注的是，在金融精准扶贫政策引导下，金融机构不断优化信贷流程，破除信贷障碍，使农户和小微企业申贷获得率均达到100%，“融资难”问题有效缓解。三是金融环境状况显著改善，随着农村信用体系建设、风险担保机制建立健全、政策性保险覆盖范围不断扩大，农户贷款不良率大幅降低，金融运行愈加稳定。值得关注的是，失信贫困户“信用修复”工作的大力推进使指标涨幅较大。此外，在农村信用体系建设的整体推进下，农信社对信用村、信用户开展新一轮的清理评定，“信用户占比”指标相对降低。四是服务质量有保有升，随着金融机构服务优化、设立“一站式”绿色信贷标准化网点等措施的实施，金融服务效率极大提升，满意度依然保持在

较高水平。

同时，该指标变动情况也提示：一是地方政府政策落地力度有待加大，需要进一步健全完善政策组合机制，精准对接当地扶贫规划，以推进小额扶贫信贷等契机加快新政策出台，不断挖掘政策的深度和广度，充分释放政策效能、放大政策效果；二是精准扶贫方式仍需丰富，以“央行政策工具 + 政府补贴担保 + 机构精准投放 + 信用工程建设”为基础，继续探索“扶贫再贷款 + 金融 + 企业 + 基地 + 专业合作社 + 贫困户”“扶贫再贷款 + 金融 + 新型农业经营主体 + 贫困户”“金融 + 易地扶贫搬迁 + 贫困户”“扶贫再贷款 + 风险补偿基金 + 贴息 + 扶贫小额信贷”等“N+”政策实施方式，形成多样化的融资方式；三是需要高度关注风险，新的金融产品和服务设计落地，给金融合规管理和金融监管带来新的挑战，信用修复、贷款审批流程变化等需密切关注。

三、“金融教育”维度分析

试点期间，金融教育指数由 10.62 上升至 16.97。表 8.5 显示了金融教育指数项下三级、四级指标具体变化情况。

表8.5　金融教育维度指标数据

三级指标（指标数据）			四级指标（原始数据；指标数据）		
指标	试点前数据	当前数据	指标	试点前数据	当前数据
基础配置	2.47	4.90	311　金融知识宣传站村级覆盖率（%）	0.3	2.66
			312　志愿者村级覆盖率（%）	4.63	7.14
宣传教育	18.78	29.03	321　志愿者培训次数（次）	25	43
			322　金融知识宣传覆盖人数（人）	15.63	22

从上述指标变化情况可以看出：通过打造普惠金融教育体系，居民金融素养普遍提升，金融服务的覆盖面、可得性和便利度均

得到不同程度的提升。一是共享现代金融成果的意识深入人心，各级领导干部对金融的重视度极大增强，金融意识和能力大幅提升，主动运用现代金融工具发展生产、改善生活，享受现代金融带来的红利。二是金融教育基础不断夯实，一方面，随着“1+N”模式的普惠金融教育培训基地的建设及升级后的普惠金融支付服务点加载金融教育功能等，形成金融教育实体网络体系，金融知识宣传站村级覆盖率指标增幅较大，也使“基础”指标增幅较大。另一方面，金融志愿者数量有所增长，试点期间依托“金惠工程”组建了涵盖干部、金融从业者、教师等在内的金融志愿者队伍，形成金融教育流动网络体系。三是金融宣教活动持续活跃，“宣传 + 培训 + 体验”的宣教模式持续发力，金融知识普及教育惠及更多群体。值得关注的是，随着金融知识普及的全面推进，农户金融素养普遍增强，越来越多地参与到金融活动中，银行卡人均持有量和使用率、人均非现金支付笔数、农业保险普及率等与居民金融生活息息相关的指标较试点前均有大幅提升，由此可见，金融知识匮乏是制约宜君县金融发展的重要因素之一，也在客观上影响着其他三个维度指标的增长。

同时，该指标变动情况也提示：一是需要搭建更为丰富的金融教育平台，依托目前的教育基地、志愿者，探索互联网远程教育等便捷化的宣教方式，进一步健全完善宣教载体；二是宣教活动力度仍需持续加强，与推进普惠金融的需求相比，当前金融受训人数和覆盖面仍有提升空间，特别是偏远地区居民的金融知识仍相对匮乏，亟待通过金融宣教服务生产生活。

四、“支持经济发展”维度分析

试点期间，支持经济发展指数由 14.13 上升至 25.65。表 8.6 显示了支持经济发展指数项下三级、四级指标具体变化情况。

表8.6 支持经济发展维度指标数据

三级指标（指标数据）			四级指标（原始数据；指标数据）		
指标	试点前数据	当前数据	指标	试点前数据	当前数据
居民生活	35.19	32.44	411 农村居民人均可支配收入（元）	8.4	9.1
			412 存款占GDP比重（%）	86	79
带动发展	–6.94	18.87	421 创业促就业人数（人）	–15	35.7
			422 金融精准扶贫带动及服务人数（人）	1	2.04

从上述指标变化情况可以看出：通过发展农村地区普惠金融，有力助推金融扶贫攻坚，促进了地方经济发展。2017 年，全县实现地区生产总值 38.05 亿元，同比增长 8%。一是普惠金融提升了当地居民生活水平，随着各项金融政策、财政政策的落地，信贷支持力度的加大，农村居民人均可支配收入不断增长（由于 2016 年收入口径发生变化，为保证数据的可比性，试点前取数为 2016 年末）。需要说明的是，由于宜君县地区生产总值增速高于存款增速，致使“存款占地区生产总值比重”指标有所回落，居民存款余额保持小幅攀升，另据调查了解，居民理财方式也在发生变化，可见普惠金融发展使居民更多地去参与现代金融。二是普惠金融有力地带动了地方经济发展，就业率作为反映地方经济发展的“晴雨表”，在普惠金融政策措施下明显增加，同时，就业率的增长对社会稳定、经济增长及人民生活水平提高产生积极影响。

同时，该指标变动情况也提示：一是农村普惠金融对地方经济发展的促进度高于对居民生活改善的促进度，因此，要继续探索农村普惠金融对提高居民生活水平的措施和路径；二是影响居民生活和地方经济发展的因素较多，当前指标设定不能全面直观地反映普惠金融与经济发展、居民生活之间的促进关系，应对相关指标加以修订。

8.4 “宜君指数”展望

基于宜君县普惠金融发展建立的评估指标体系，具有可持续性和拓展性，区别于其他普惠金融指标体系，可应用于宜君县普惠金融实践评估。不同于全国发达地区普惠金融侧重于整体评估的体系对宜君县的普惠金融发展评估缺乏针对性，宜君普惠金融发展评估体系能够有效提供一种评估宜君县普惠金融发展的方法。但也存在着发展标准不一导致指标选取不同的情况，针对每个地方采用同一套评估体系，虽然评估数据具有可比性，但是整体科学性欠缺的问题，建议对不同经济金融发展地区的评估采用不同的指标体系和不同的综合评估方法，对发展经济金融程度类似的地区采用同一套指标评价方法，更加有利于客观评价普惠金融在不同地区的发展状况，有效监测普惠金融进展。

参考文献

[1] 贾晋，肖建 . 精准扶贫背景下农村普惠金融创新发展研究 [J]. 理论探讨，2017（1）: 70–75.

[2] 胡滨 . 数字普惠金融的价值 [J]. 中国金融，2016（22）: 58–59.

[3] 李铀 . 村镇地区金融基础设施建设 [J]. 中国金融，2012（16）: 81–82.

[4] 徐华荣 . 普惠金融目标下中国农村金融发展现状及对策 [J]. 湖北农业科学，2017（2）: 60–72.

[5] 刘运涛，曹楠 . 我国普惠金融发展的金融基础设施建设研究 [J]. 金融发展评论，2015（8）: 141–146.

[6] 孙天琦 . 国际主要普惠金融指标体系解析 [N]. 金融时报，2016–08–08.

[7] 孙天琦，汪天都，蒋智渊 . 国际普惠金融指标体系建设及中国相关指标表现 [J]. 西部金融，2016（6）: 4–8 .

[8] 余文建 . 普惠金融指标体系构建：从国际探索到中国实践 [J]. 中国金融，2017（5）.

[9] 姚林华 . 我国贫困地区普惠金融发展影响因素实证研究 [J]. 区域金融研究，2016（4）: 25–29.

[10] 王安军，王广明 . 贫困地区金融供求分析与建立普惠金融服务体系的建议 [J]. 海南金融，2007（8）.

[11] 曾涛，钟昌彪，孙水清等 . 贫困地区普惠金融发展实证分析：以武陵山片区扶贫攻坚片区县石门县为样本 [J]. 金融经济：理论版，2017（10）: 3–5.

[12] GPFI. G20 Financial Inclusion Indicators[R]. 2016（9）.

[13] 国务院发展研究中心市场经济研究所“建立我国社会信用体系的政策研究”课题组 . 加快建立我国社会信用管理体系的政策建议 [J]. 经济研究参考，2002（17）:2–9.

[14] 袁庆春 . 个人信用重建的国际经验 .[J]. 中国金融，2017（23）.

[15] 祁晓慧 . 贫困户贷款需求、减贫效果、还贷信用研究：以内蒙古为例 [D]. 内蒙古：内蒙古农业大学，2017.

[16] 冯学荣 . 失信贫困户信用重建路径：以陕西省宜君县为例 [N]. 金融时报，2017-10-16.

[17] 中国人民银行征信中心 . 征信业管理条例 [Z].

[18] 中国人民银行征信中心 . 个人信用信息基础数据库异议处理规程 [Z].

[19] Federal Trade Commission. Credit Repair Organizations Act [Z].

[20] 邱福提 . 美国提高信用报告准确性的经验做法及启示 [J]. 征信，2013（4）.

[21] 邵宇，毕丽莎 . 建立社会信用体系的国际经验与启示 [J]. 金融教学与研究，2002（4）.

[22] 任森春，姚然 . 欧美国家失信惩戒制度及启示 [J]. 安徽商贸职业技术学院学报（社会科学版），2007（3）.

[23] 胡亮 . 我国个人和企业征信将区别管理 [N]. 中国经济时报，2013-02-19.

[24] 荣孝，颜群，振宇 . 借鉴美国经验完善我国个人信用修复机制 [N]. 金融时报，2015-04-20.

[25] 覃珺 . 不良信用修复机制的设计 [J]. 中国金融，2014（14）.

[26] 陈勇 . 个人不良信用修复机制的国际经验及其启示 [J]. 福建金融，2014（7）.

[27] 郭爱萍 . 再谈信用缺失与信用重建 [J]. 求实，2004（8）.

[28] 国务院办公厅 . 关于推进农村一二三行业融合发展的指导意见 .

[29] 中国人民银行农村金融服务研究小组 . 中国农村金融服务报告（2018）[M]. 北京：中国金融出版社，2019:95-99.

[30] 赵周华 . 发展农村普惠金融与乡村振兴：理论阐释、国际经验与政策建议 [J]. 金融发展评论，2018（11）.

[31] 董玉峰，杜崇东 . 农村普惠金融减贫的内在逻辑、存在问题与建议 [J]. 海南金融，2018（3）.

[32] 中国银保监会，中国人民银行 . 2019 年中国普惠金融发展报告 [R]. 2019:2-21.

[33] 世界银行，中国人民银行 . 全球视野下的中国普惠金融：实践、经验与挑战 [M]. 北京：中国金融出版社，2018:101-108.